Erfolgreich in Führungsverantwortung

Franz Wagner

Erfolgreich in Führungsverantwortung

Impulse für den beruflichen und
persönlichen Alltag

Franz Wagner
Pregarten, Österreich

ISBN 978-3-658-44383-2   ISBN 978-3-658-44384-9   (eBook)
https://doi.org/10.1007/978-3-658-44384-9

Die Deutsche Nationalbibliothek verzeichnet diese Publikation in der Deutschen Nationalbiblio-
grafie; detaillierte bibliografische Daten sind im Internet über http://dnb.d-nb.de abrufbar.

Planung/Lektorat: Ulrike Loercher
Springer Gabler ist ein Imprint der eingetragenen Gesellschaft Springer Fachmedien Wiesbaden
GmbH und ist ein Teil von Springer Nature.
Die Anschrift der Gesellschaft ist: Abraham-Lincoln-Str. 46, 65189 Wiesbaden, Germany

Das Papier dieses Produkts ist recyclebar.

Inhaltliche Gliederung

Woher nehme ich nur die Zeit her,
so vieles nicht zu lesen?
K. Kraus

Gebrauchsanleitung

Man muss die Dinge so tief sehen,
dass sie einfach werden.
K. Adenauer

Eine Art Lesebuch halten Sie in Händen. Ein Buch, das Sie in vielen herausfordernden Situationen Ihres beruflichen Alltags kurz und praxisnah mit wertvollen Hinweisen begleitet. Ein Buch, in welchem Sie wesentliche Themen für Ihren Job mit Führungsverantwortung sich in Erinnerung rufen können. Lesen Sie einige Sätze oder Seiten, hängen Sie eigenen Gedanken nach und reflektieren Sie Ihre Erfahrungen. Legen Sie das Buch in greifbare Nähe und informieren Sie sich stichwortartig bei Interesse oder Notwendigkeit kurz über Themenschwerpunkte für Aufgaben mit Führungsverantwortung. Sie können sich bei der inhaltlichen Auswahl der Kapitel von Ihrem persönlichen Interesse oder von aktuellen beruflichen Herausforderungen in Ihrem Job mit Führungsverantwortung leiten lassen.

Die einzelnen Kapitel ersetzen keine Management-Bibliothek, sie sind auch keine Kurzfassung von wichtigen Fachkapiteln aus den zahlreich vorhandenen Handbüchern. Die Auswahl der Inhalte ist höchstpersönlich und gründet in über zwanzig Jahren Trainingserfahrung in den Bereichen Kommunikations- und Führungskompetenz. Sie finden kaum einen erhobenen tadelnden Zeigefinger, der darauf hinweist, wie „es" richtig zu machen ist, Belehrung und Schulmeisterei stehen keineswegs im Vordergrund. Gedanken und Orientierungen sind zu lesen, welche in der beruflichen Praxis erfolgsrelevant sind und im beruflichen und persönlichen Lebensalltag damit die Wahrscheinlichkeit

© Der/die Autor(en), exklusiv lizenziert an
Springer Fachmedien Wiesbaden GmbH, ein Teil von Springer Nature 2024
F. Wagner, *Erfolgreich in Führungsverantwortung*,
https://doi.org/10.1007/978-3-658-44384-9_1

erhöhen, die Anzahl der Fehler zu reduzieren. Das Lesebuch versteht sich mehr als Impulsgeber und weniger als Ratgeber.

In Anlehnung an den Kommunikationsgrundsatz 'Der Kontext bestimmt den Text' sind jeweils die konkreten und sehr speziellen Situationscharakteristika zu bedenken. Alle handlungsanleitenden und Orientierung gebend Darstellungen müssen erst in den Alltag transferiert und von unterschiedlichen Menschen unter sehr konkreten Bedingungen angewandt werden.

Vielen Ansprüchen wird das abstrakt Geschriebene nie gerecht, wohl wird aber der Erfolg konkret entscheidender und handelnder Personen mit Führungsaufgaben daran gemessen. Heute haben viele Mitarbeiter und Bereichsverantwortliche entweder dauernd oder zwischendurch Führungsverantwortung – sei es in der unmittelbaren Leitungsaufgabe oder im Rahmen von Teamführung oder Projektleitung.

In diesem Sinne mögen die hier vorgestellten Themenbereiche Ihnen dabei helfen, sich an Wichtiges zu erinnern, Bekanntes zu wiederholen, Erfahrungen aufzufrischen, Impulsen und Anregungen zu folgen, Ihren bisherigen Weg bestätigt zu sehen oder den Möglichkeiten neuer Gedanken und Ideen im beruflichen und persönlichen Alltag nachzuspüren.

Ein Motto, das den Weg zum Erfolg gut beschreibt, lautet: *‚Erfolg hat 3 Buchstaben: TUN'* – damit ist aber keineswegs eine planlose unreflektierte Aktivität um der Aktivität willen gemeint, sondern ein Handeln, das sich seiner Voraussetzungen, Bedingungen und Konsequenzen bewusst ist; verantwortungsvolles Handeln also. Für sich und andere Verantwortung zu übernehmen ist eine notwendige Voraussetzung für eine erfolgreiche Führungstätigkeit. Denn Menschen mit Führungsverantwortung können vieles delegieren – eines aber auf keinen Fall: Verantwortung.

In diesem Sinne: Viel Erfolg!   Franz Wagner

Einstimmung

Eine Geschichte, die Sie wahrscheinlich schon kennen...

In einem kleinen Fischerdorf steht ein Investmentbanker am Pier und beobachtet ein kleines Fischerboot mit einer Ladung Fische. Er fragt den Fischer, wie lange es gedauert hat, die Fische zu fangen. „Gar nicht lange, wenige Stunden nur" war die Antwort. Der Banker fragte weiter, warum er nicht länger am Meer bleibe um mehr Fische zu fangen. Die Fische reichen, war die Antwort, um mich und meine Familie einige Tage zu ernähren. Was er dann den Rest des Tages mache, fragte der Banker weiter. „Morgens schlafe ich lange, fahre dann aufs Meer, spiele dann mit den Kindern, mache mit meiner Frau Siesta, gehe ins Dorf zu meinen Freunden, wir spielen Gitarre und singen; Sie sehen, ich habe ein ausgefülltes Leben."

Der Banker eröffnete dem Fischer, dass er Management studiert habe und ihm helfen könne, mehr Fische zu fangen, mit dem Erlös daraus größere Boote zu kaufen, um noch mehr zu fangen und sogar die eigene fabrikmäßige Fischverwertung und den internationalen Handel mit Fischprodukten könne er dann eigenständig aufbauen und kontrollieren; auch könne er dann wegziehen aus dem Dorf in eine internationale Metropole und von dort sein Firmenimperium zu leiten – es würde keine 20 Jahre dauern... „Und dann?" fragte der Fischer. Der Banker grinste und sagte: „Dann kommt das Beste: Du kannst Dein Unternehmen verkaufen und Millionen verdienen!" „Und dann?" fragte der Fischer und der Banker antwortete: „Dann kannst Du aufhören zu arbeiten, in ein kleines Fischerdorf ziehen, morgens ausschlafen, dann mit den Kindern spielen, mit Deiner Frau Siesta machen und abends ins Dorf zu Deinen Freunden gehen und mit ihnen singen und musizieren...."

Alltag

Meist ist der Alltag unterbewertet, interessanter sind für viele die Ausnahmen vom Alltag, die Höhepunkte, Feierlichkeiten, Feste und dergleichen. Aber es ist nun einmal eine Tatsache: der Großteil des Lebens besteht aus Alltag. Wenn der Alltag so im Vordergrund unseres Lebens steht, sollten wir ihn auch dieser Bedeutung gemäß behandeln beziehungsweise gestalten. Im beruflichen Alltag kann es in diesem Verständnis zum Führungs-programm werden, dass es ALLEN gut geht, dass ALLE sich wohl-fühlen, dass ALLEN wertschätzend begegnet wird, dass ALLE Chancen genutzt werden, um den KollegInnen und Mitarbeite-rInnen zu signalisieren: hier sind ALLE willkommen, ALLE werden ernst genommen – jeder ALLTAG kann so für viele Menschen wieder zu einem besonderen Tag werden.

Ein Kennzeichen für jene Tage, die wir als Alltag erleben, ist die Routine, der Tagesablauf ohne besondere Vorkommnisse, ohne besondere Erlebnisse; alles läuft in gewohnten Bahnen. Die Handlungsroutinen des Alltags werden allzu oft negativ be-schrieben, als belastend charakterisiert, weil sie wenige Erleb-nishöhepunkte vermitteln. Aber es sind genau die Routinen, die standardisierten Abläufe, die im Leben Sicherheit und Orientie-rung vermitteln. Es sind die Gewohnheiten und bewährten Rou-tinen, welche uns in der alltäglichen Lebensbewältigung helfen, uns nicht immer wieder aufs Neue entscheiden zu müssen, wir können uns auf bestimmte Abläufe verlassen. Wie im Straßenverkehr so gilt auch im Alltagsablauf eine Art Vertrauensgrundsatz. Wir erwarten und können darauf vertrauen, dass die KollegInnen und alle Vorgesetzten sich in bestimmter Weise auf der Grundlage getroffener Vereinbarungen oder dienstrechtlicher Bestimmungen verhalten. Erst wenn es Brüche gibt in Alltagsroutinen, wenn etwas nicht wie erwartet oder vorgesehen passiert, wird uns bewusst, wie stark die unser Zusammenleben und unsere Kooperation regelnden Normen sind. Sehr oft weisen solche Ausnahmesituationen aber auch darauf hin, dass bislang erprobte (und oft liebgewordene) Gewohnheiten und Abläufe für neue Situationen und Herausforderungen nicht mehr passend sind und wir uns auf ‚neue‘ Alltäglichkeiten einstellen müssen und bisherige Gewohnheiten aufgeben müssen. Im Wort Gewohnheit steckt ein sehr vielsagender Teil: ‚wohnen‘. Menschen sind also mit ihren Gewohnheiten in enger emotionaler Bindung. Gewohnheiten zu ändern bedeutet immer auch eine Veränderung im Gefühlshaushalt und es bedarf eines vorausschauenden und einfühlenden Vorgehens, wenn der gewohnte Alltag verändert werden soll. Rationale Appelle und rein verstandesmäßig vorgebrachte Begründungen allein erzielen wenig Verständnis und Akzeptanz und sind im Change Management herausfordernd.

Menschen in Positionen mit Führungsaufgaben haben auch dafür zu sorgen, dass im betrieblichen Umfeld der sogenannte ‚graue‘ Alltag, der vor allem durch Wiederholungen und musterhaft vorgegebene Abläufe gekennzeichnet ist, durch bewusst gestaltete und erlebbare Momente durchbrochen wird und somit gemeinsam positiv erlebt werden kann und zu konkret erinnerbaren und mitteilbaren Inhalten wird.

Antreiber

Was treibt Sie an? Was genau sind Ihre Gründe, morgens aufzustehen, zur Arbeit zu gehen oder zu fahren und Ihren Aufgaben und Pflichten nachzukommen? Was genau sind Ihre Beweggründe, das alles zu tun, was Sie tun? Was tun Sie freiwillig? Wozu müssen Sie sich zwingen und was tun Sie wirklich nur, damit es getan ist?

Erleben Sie sich häufig in Stresssituationen? Stress ist per se nicht nur negativ, er setzte ursprünglich überlebenswichtige Energiereservieren frei, zum Beispiel für die Flucht vor angreifenden Tieren oder anderen Bedrohungen. Belastende Situationen machen aber entgegen weit verbreiteter Meinungen nicht zwingend krank, sie sind vor allem dann schädlich, wenn die Stressreaktionen sehr unkontrolliert ablaufen und wir das Gefühl haben, den belastenden Faktoren und Stressquellen nur ausgeliefert zu sein und sie nicht bewältigen zu können.

In so genannten Stresssituationen steigt die Aufmerksamkeit, unsere Wahrnehmung wird präziser und konzentrierter – aber auch einseitiger und enger; Energie wird freigesetzt und wartet darauf, abgerufen zu werden. Im Alltag sind wir unzähligen von uns nicht kontrollierbaren Umweltreizen visueller und akustischer Natur ausgesetzt und diese regen uns unbewusst dazu an, darauf zu reagieren und wir wollen die angestaute Energie auch irgendwie loswerden – wir kennen alle die Situation: ein kleiner Funke reicht, um das Fass zum Explodieren zu bringen. Mehr zu diesem Aspekt unter dem Thema Stressmanagement.

Hier geht es um die inneren Stressoren, jene Kräfte, die in uns als Aufträge wirken, als tief eingeschriebene Impulse, in bestimmten Situation in einer gleichsam automatisierten Weise zu reagieren, die aber letzten Endes in uns das Gefühl entstehen lässt, den Situationen irgendwie hilflos ausgeliefert zu sein und in uns auch das Gefühl der Ohnmacht erzeugt, die uns wiederum wütend und zornig macht und dann auch so reagieren lässt – ein negativer Kreislauf, denn das Gefühl, die Kontrolle zu verlieren, wird größer und unsere Leistungsfähigkeit nimmt ab.

Ein sehr wirksamer Faktor, der unsere Stressresistenz und damit auch die Leistungsfähigkeit erhöht, ist der Glaube und die Überzeugung, etwas zu schaffen. Psychologische Experimente (zum Beispiel von Albert Bandura von der Stanford-University) haben gezeigt, dass das Gefühl, eine Situation unter Kontrolle zu haben, die messbaren Stressreaktionen stark reduziert und die Reaktions- und Leistungsfähigkeit nicht wesentlich stört. Diese Reaktion auf Stressoren kann trainiert werden (Gedankenkontrolle) und gemessen werden (zum Beispiel durch Messung der Konzentration des Stresshormons Kortisol im Speichel). Es kommt also sehr stark auf die erste Einschätzung einer belastenden Situation an; hilfreich ist, eine kritische Situation gleich am Anfang gedanklich als bewältigbar und schaffbar einzuordnen. Damit werden stark leistungshemmende und langfristig auch gesundheitsschädigende Wirkungen vermieden. Negative Gedanken bei der Konfrontation mit stressenden Momenten sind eine zusätzliche Belastung; über diese können wir aber mit etwas Training Kontrolle erlangen und das Gefühl der Hilflosigkeit gleich zu Beginn in ein Gefühl des ‚Schaffbaren' verwandeln. Ein Spruch aus China beschreibt dieses Anliegen sehr deutlich: *„Dass die Vögel der Besorgnis über Deinen Kopf hinwegfliegen, kannst Du nicht verhindern. Dass sie sich in Deinem Kopf ein Nest bauen, das aber kannst Du sehr wohl verhindern".*

In uns wirken Erfahrungen, Überzeugungen, Denkstile, Leitideen und Glaubenssätze, die sich im Laufe unserer Sozialisation als sehr wirksame Programme verselbständigt haben und uns mehr oder weniger unbewusst im Lebensalltag steuern und von uns auch beziehungsweise vor allem in Stresssituationen abgerufen werden. Unser Verhalten wird stark von diesen Programmen gesteuert.

Dies sind die so genannten „inneren Antreiber". Häufig auftretende Gefühle der Überforderung oder der dauernden Anspannung sind oft Anzeichen, dass solche inneren Programme uns zusätzlich unter Druck setzen und wir dauernd irgendwelchen Programmen und Forderungen gerecht zu werden versuchen: Mach doch schneller, beeile Dich! Das geht perfekter, das genügt noch lange nicht! Pass auf, dass Du keinen Fehler machst!

ExpertInnen haben fünf Hauptantreiber identifiziert und empfehlen entsprechende Gegenprogramme. Diese Antreiber sind große Hindernisse im beruflichen wie privaten Alltag und können in ihrer Wirksamkeit langfristig verändert werden, wenn wir konsequent daran gehen, derartige *Antreiber- Programme* in positive ‚*Erlauber'* umzuwandeln.

Innere Antreiber	Passende "Erlauber"	Das neue „positive" Programm:
Ich muss perfekt sein!	*Meine Arbeit / meine Ergebnisse sind gut genug! Ich darf Fehler machen und daraus lernen!*	Ich entspanne mich und mache mir bewusst, dass kein Mensch perfekt ist. Ich setze mir realistische Ziele und Vorgaben und lerne aus Fehlern!

Ich muss alles rasch erledigen!	*Ich nehme mir die Zeit, die ich zur Erledigung meiner Arbeit brauche!*	Ich plane meine Arbeit und setze mir Zwischenziele. Ich höre aufmerksam zu und überprüfe, ob ich alles verstanden habe. Ich entspanne mich zwischendurch ganz bewusst.
Ich muss mich anstrengen!	*Es gelingt mir leicht! Ich bin erfolgreich und kann mich über Erreichtes freuen!*	Ich höre auf, mich zu bemühen. Hinter jeder Aufgabe sehe ich und suche ich eine kreative Herausforderung. Ich gehe achtsam vor und übersehe nichts.
Ich muss es allen recht machen!	*Ich bin ok, auch wenn jemand anderer unzufrieden ist! Meine eigenen Bedürfnisse sind ebenso wichtig!*	Ich achte auf meine Bedürfnisse und spreche sie aus. Ich über, „nein" zu sagen und spreche wertschätzend aus, was mir weniger gefällt. Ich setze höflich aber bestimmt Grenzen.
Ich muss stark sein!	*Ich kann mich so zeigen, wie ich bin! Ich akzeptiere mich und lasse mir helfen!*	Ich plane Pufferzeit ein, um meine Arbeitsbelastung zu überblicken. Ich bitte andere um Unterstützung, wenn es mir zu viel wird.

Arbeitsorganisation

Je mehr Vergnügen Du an Deiner Arbeit hast,
desto besser wird sie bezahlt.
M. Twain

Haben Sie sich schon einmal kurz überlegt, woher das Wort Organisation kommt, welche Bedeutung dieser Begriff hat? Das Wort (aus der griechischen Sprache: *organon*) bedeutet ursprünglich *Werkzeug*. Das Verb *organisieren* kann also übersetzt werden mit: gestalten, einrichten, aufbauen, bewerkstelligen. Das Substantiv beschreibt damit den Prozess des Gestaltens und beinhaltet eine dynamische Perspektive und ist keineswegs statisch zu verstehen. Organisation ist also kein festgeschriebener, unveränderbarer oder vorgegebener Weg, sondern ist ein auf ein Ziel gerichteter Prozess. Arbeitsorganisation drückt in diesem Sinne einen Weg zum Ziel aus, funktioniert als eine Art Navigationssystem zum Erreichen eines bestimmten Arbeitsergebnisses. Sie kennen mehrere derartige Wege aus der unmittelbaren Alltagserfahrung und Ihrer Arbeitsumgebung: ‚Nur das Genie beherrscht das Chaos' heißt es an einer Stelle und an einer anderen: ‚Erstens kommt es anders als man zweitens denkt'. Und manche sind sogar der Meinung, dass sie ohnehin zu viel zu tun hätten, als dass sie auch noch Zeit für Planung und Arbeitsorganisation hätten.

Aber: Je umfangreicher die Anforderungen, desto notwendiger sind organisatorische und planerische Hilfsmittel; dies ist eine Tatsache. Sie kennen Sie vom Einkaufszettel bis zum Terminkalender (siehe auch: Arbeitsplatz, Checklisten, Delegieren, Zeitmanagement).

Folgende Fragen sind in diesem Zusammenhang wesentlich - und die Antworten sind immer wieder neu zu finden, da die Rahmenbedingungen sich rasch ändern können:

- Welche/s Ziel/e will ich mit meiner Arbeit erreichen?
- Wie erreiche ich diese/s Ziel/e?
- Welche Schritte / Maßnahmen sind dazu notwendig?
- Gibt es eine Liste der Aktivitäten mit Prioritäten?
- Habe ich Blockzeiten ohne Unterbrechungen (Besuche, Telefonate) eingeplant?
- Muss ich tatsächlich alles selbst erledigen?
- Gibt es Aufträge und Arbeiten, die ich delegieren kann?

Die Bewältigung der täglichen Aufgaben und beruflichen Herausforderungen stellt für viele MitarbeiterInnen eine Hürde dar, da in vielen Bereichen sehr wohl klar vermittelt wird, WAS zu tun ist, aber weniger Augenmerk darauf gelegt wird, WIE die Arbeit gut und für den Einzelnen in einigermaßen befriedigender Weise erledigt werden kann. Passende Arbeitstechniken (auch über Schulungen vermittelt) können die die Motivation und die Leistungsbereitschaft spürbar erhöhen.
Eine scharfe Säge ermöglicht einen präzisen Schnitt. Die Arbeit gut zu organisieren heißt passende Werkzeuge einzusetzen und jene Methoden heraus zu finden und anzuwenden, die sowohl das betriebliche Ergebnis zu verbessern helfen, aber auch wesentlich zum persönlichen und beruflichen Erfolg der MitarbeiterInnen beitragen.

Arbeitsplatz

Der Schreibtisch ist der Ort,
an dem sich die Welt entscheidet.
Unbekannt

Am Arbeitsplatz verwirklicht sich die persönliche Art der Arbeitsorganisation. Mehr Eigenkontrolle, weniger Chaos, mehr Übersicht und Überblick und letzten Endes mehr Lebensqualität in der Arbeit sind das Ergebnis. Die große Herausforderung besteht in der Bewältigung der zweiten Stufe eines zweiteiligen Prozesses: zunächst gilt es, ein organisierter Mensch *zu werden*, und danach, ein organisierter Mensch *zu bleiben*. Ein wichtiger Arbeitsplatz ist nun mal der eigene Schreibtisch bzw. das eigene Büro und auch hier gibt es einige praktische Regeln zur organisatorischen Gestaltung. Die Konsequenz der Redewendung *‚Aus den Augen, aus dem Sinn'* ist für viele dafür verantwortlich, dass alle Aufgaben und Aktivitäten irgendwie am Schreibtisch präsent sind und dort für Chaos sorgen.

Immer wieder werden Untersuchungen mit sehr beeindruckenden Ergebnissen präsentiert, wieviel Zeit wir durchschnittlich mit dem Suchen von Unterlagen vergeuden. Als Motto könnte durchaus dienen: Halte Ordnung und die Ordnung hält Dich! Eine geordnete Ablage (auch auf der Festplatte) bildet das Rückgrat im so bewegten Informations- und Kommunikationsalltag. Wenn Sie beginnen, Ihre Arbeit an Ihrem Arbeitsplatz zu reorganisieren bzw. diesen zu ordnen, dann machen Sie sich folgende Prinzipien zunutze:

- Organisation ist ein Prozess; bleiben Sie konsequent und räumen Sie am Ende des Arbeitstages den Arbeitsplatz / den Schreibtisch auf!

- Seien Sie wählerisch bezüglich der Unterlagen, die Sie behalten / speichern wollen!
- Notizen geben Sie sofort dorthin, wohin diese gehören; verzichten Sie auf unzählige Notizen und sammeln Sie nirgendwo Unmengen von Post-its!
- Unterlagen, die Sie häufig brauchen, gehören in Reichweite!
- Gliedern Sie Ihre Unterlagen / Ablagen: alphabetisch oder thematisch oder farbig...
- Räumen Sie erledigte Sachen sofort weg; legen Sie keine Leseaufgaben auf Ihre Arbeitsfläche; stapeln Sie keine unerledigten / unentschiedenen Angelegenheiten!
- Praktizieren Sie das „One-Paper-Management": Nehmen Sie jedes Blatt nur einmal in die Hand und entscheiden Sie sehr rasch (und machen Sie jedes Mal, bei dem Sie das Papier wieder in Hand haben, einen kleinen Bleistiftstrich rechts oben, dann wissen Sie, wie oft und wie sehr Sie eine Angelegenheit in Anspruch nimmt)
- Was zusammen gehört, gehört zusammen! Themenbereiche, die sich ergänzen, sollten auch in den Ablagen sehr nahe sein.
- Legen Sie zu erledigende Arbeiten auf den Schreibtisch und erledigen Sie die Arbeit. Auf dem Schreibtisch liegt jeweils nur das Material, das Sie aktuell bearbeiten – und nehmen Sie nur dann etwas in die Hand, wenn Sie dazu bereit sind, es zu erledigen.

Für viele ist der Arbeitsplatz ein Spiegelbild der gedanklichen Ordnung im Gehirn. Wenn wir den Arbeitsplatz vereinfachen, reduzieren wir auch die Unübersichtlichkeit in uns selbst und schaffen beste Voraussetzungen für mehr Lebensqualität im Arbeitsalltag.

Argumentieren

Schlechte Argumente bekämpft man am besten dadurch,
dass man ihre Darstellung nicht stört.
S. Smith

Sie haben selbst schon Haus gebaut? Auch wenn Sie es nicht selbst getan haben, Sie wissen, wie man üblicherweise vorgeht. Obwohl das Dach ein wesentlicher Bestandteil des Hauses ist, weil es ja das Haus erst bewohnbar macht und vor zerstörenden Einflüssen von außen schützt, beginnt man nicht mit der Dachkonstruktion. Auch wenn alle Materialien für den Hausbau auf der Baustelle zusammengetragen sind, sind die endgültige Form des Hauses und die Absichten der Baubetreiber noch nicht nachvollziehbar – erst ein sinnvoller Plan macht das Ganze verständlich.

Ähnliche Überlegungen haben für die Konstruktion einer wirkungsvollen Argumentation Gültigkeit. Erst die vom Ziel und der erwünschten Wirkung abhängige sinnvolle und geplante Kombination und Anordnung beziehungsweise Verbindung von einzelnen Elementen bringt das Ergebnis. Nur Fakten eindrucksvoll vorzubringen reicht meist nicht; erst der Aufbau und die nachvollziehbare Logik der einzelnen Argumentationsbausteine wirken überzeugend.

Im Alltag verwenden wir sehr häufig folgende Methode der Argumentation, die uns sehr rational und vernünftig scheint:

Dies und jenes ist zu tun, weil....

Wir müssen folgende Maßnahme in Angriff nehmen, weil...

... und dann folgen Begründungen in der Hoffnung, dass alle Beteiligten oder Betroffene auch einsichtig sind und dieser Notwendigkeit folgen. Dieses Vorgehen ist zwar verstandesmäßig nachvollziehbar, es genügt rationalen Kriterien - aber es wirkt kaum motivierend. Menschen sind soziale Wesen, sind Gefühlswesen und wollen emotional angesprochen werden, wenn sie ihr Handeln nach einer Vorgabe oder Empfehlung ausrichten sollen. Es gibt eine bessere und vor allem wirksamere Methode, um Menschen zu überzeugen, indem die psychologischen und soziologischen Grundlagen menschlichen Erlebens und Verhaltens verstärkt berücksichtigt werden und nicht bloß auf die verstandesmäßigen Aspekte Bezug genommen wird.

Motivationspsychologisch ist es besser, eine Zielvorstellung zu formulieren, mit welcher die angesprochene Person sich identifizieren kann, statt einen Zwang oder eine unabwendbare Notwendigkeit, welche eher bedrängend erlebt wird und Abwehrreaktionen erzeugt.

Psychologisch richtig und wirksam zu argumentieren passiert nach folgendem Grundmuster:

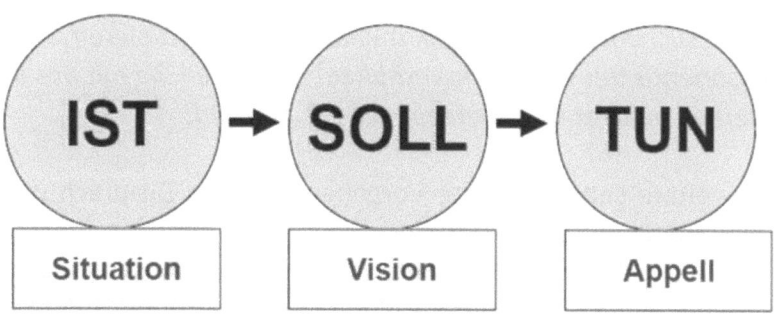

1. Beschreibung der Ist-Situation; konkrete Darstellung der Ausgangssituation; Fakten und Belege
2. Vorstellung eines Zielzustandes; ausführliche Beschreibung des Gewünschten und Gewollten
3. Darstellung der Wege und Maßnahmen, welche zum beschriebenen Ziel führen.

Die Wirksamkeit dieser Argumentationsweise ist deshalb erhöht, weil im ersten Punkt bereits Zustimmung erzeugt wird, wenn realistisch und nachvollziehbar die Ausgangssituation beschrieben wird. Ein zweites Mal wird Zustimmung erzeugt, wenn das Ziel als ein gewünschtes und akzeptierbares dargestellt wird – somit scheint die Zustimmung zu einem gangbaren Weg (meist gibt es mehrere Alternativen) nur ,logisch' zu sein und es sind wenig Abwehrreaktionen zu erwarten. Ein konkretes Beispiel:

Heute ist jeder von uns gefordert, vor anderen Menschen zu reden. Beruflich und privat haben wir im Alltag die Aufgabe, uns klar mitzuteilen und Rede und Antwort zu stehen. Ob alt, ob jung, ob Mann, ob Frau – alle kommunizieren tagtäglich, jahrein, jahraus – ein ganzes Leben lang.
Alle Menschen, alle sollten deshalb in der Lage sein, sich klar auszudrücken und die eigene Meinung zu vertreten!
Deshalb: Besuchen Sie Rhetoriktrainings und lernen Sie frei reden! Besuchen Sie Kommunikationskurse und trainieren Sie lösungsorientiertes Gesprächsverhalten! Trainieren Sie mit uns und Sie lernen beherzt und überzeugend zu sprechen!

Eine weitere sehr bewährte Vorgehensweise in Besprechungen und Verhandlungen, in denen man mit mehreren Argumenten sein Ziel zu erreichen versucht, ist die so genannte ,Genscher-Strategie', benannt nach dem ehemaligen deutschen Außenminister, der diese Methode sehr wirksam eingesetzt hat. Dabei reiht man seine Argumente nach Bedeutung, Wichtigkeit oder Stärke und setzt sie dann in einer bestimmten Reihenfolge ein. Üblicherweise ist man ja versucht, gleich zu Beginn einer Verhandlung das stärkste Argument vorzubringen, um von Anfang an die Sache klarzustellen; man übersieht aber die Tatsache, dass Verhandlungen einen Verlauf haben, und wenn nachfolgende Argumente dann immer schwächer werden, ist am Ende von der Überzeugungswirkung wenig übrig.

Die **Genscher-Strategie** bedient sich folgender Methode:
1. Das zweitwichtigste / zweitstärkste Argument wird zu Beginn vorgebracht.
2. Danach werden alle anderen Argumente eingesetzt.
3. Erst zum Schluss wird das stärkste Argument vorgetragen.

In Fachbüchern zum Thema sind zahlreiche Argumentationsstrategien vorgestellt, von der ‚Brunnenvergiftung' bis zur ‚Tabuisierungstaktik' (die Grenzen bis hin zur so genannten Kampf-Rhetorik sind dabei fließend); wesentlich ist auch beim Argumentieren eine entsprechende Wertschätzung der Gesprächspartner auf der Beziehungsebene, dann ist die Berücksichtigung der Interessen aller im Sinne einer Brücken bildenden ‚win-win'-Situation sehr wahrscheinlich. Entscheidend ist immer, mit welcher Haltung wir dem Verhandlungspartner begegnen; in Besprechungen oder Verhandlungen soll immer etwas bewegt werden und wir stehen vor der Wahl, einen wertschätzenden und motivierenden Kurs einzuschlagen oder manipulativ vorzugehen und damit das Vertrauen unserer MitarbeiterInnen und die Kooperationsbasis zu unseren Geschäftspartnern langfristig zu verspielen.

Assessment Center

Grau, teurer Freund, ist alle Theorie.
Und grün des Lebens goldner Baum.
J.W. Goethe

Das Assessment Center (AC) stellt ein klassisches Instrument zur Personalauswahl und Personalentwicklung dar. Eine der interessantesten Aufgaben im Führungskontext ist die Auswahl neuer MitarbeiterInnen oder Teammitglieder und die richtige Wahl bei karrierebedingtem Personalwechsel. Neben Tests, Zeugnissen, Referenzen oder Interviews haben sich die Praxissimulation und deren Bewertung durch mehrere BeobachterInnen bewährt.

Je nach Einsatzbereich wird die Eignung einer oder mehrerer Personen hinsichtlich eines Anforderungsprofils beurteilt; einerseits bei der Auswahl interner oder externer BewerberInnen (Auswahlziele), andererseits zur Einschätzung des Potenzials von MitarbeiterInnen (Entwicklungsziele). Im Vordergrund stehen dabei folgende Ziele: die Fluktuation durch Fehlbesetzungen zu vermeiden und einen individuell zugeschnittenen Entwicklungs- und Maßnahmenplan auf der Basis aussagekräftiger Stärken- und Schwächenanalysen zu erstellen; auch Weiterbildungsprojekte können durch AC gut evaluiert werden.

AC haben ihren Ursprung im militärischen Bereich; große amerikanische Firmen wie AT&T, IBM, GM oder Shell haben dieses Verfahren früh eingesetzt und seit ca. 50 Jahren ist dies auch im deutschsprachigen Raum eine erfolgreiche Methode zur Auswahl von Personal mit Führungsaufgaben. Im Arbeitsalltag real existierende Situationen und Problemstellungen werden simuliert und es wird getestet, inwiefern die KandidatInnen mit den jeweiligen Anforderungen zurechtkommen und wie die Aufgaben (einzeln oder im Team) bewältigt werden. Wenn gute Ergebnisse erzielt werden sollen, bedürfen die AC einer intensiven Vorbereitung, denn die Aufgaben müssen unternehmens- und stellenspezifisch konzipiert sein.

In der folgenden Übersicht finden sich einige klassische AC-Übungen mit den dazu gehörigen Verhaltensweisen, die bei der Beurteilung durch die BeobachterInnen im Vordergrund stehen:

Übungen (Ablauf)	Dimensionen
Postkorb	Entscheidungsfähigkeit, planerisches, strategisches Denken, Umgang mit Stress, Belastbarkeit, Problemlösungskompetenz
Führerlose Gruppendiskussion	Durchsetzungsfähigkeit, Entscheidungsverhalten, systematisches Vorgehen, Teamorientierung, sprachliche Kompetenzen
Rollenspiele (Mitarbeitergespräch)	Kommunikationsverhalten, Empathie, Fähigkeit zuzuhören, Urteilsfähigkeit, Zielorientierung
Präsentation (Selbstpräsentation)	Auftreten, Selbstbild, Selbstdarstellung, Diskussionsverhalten, Wertekongruenz, Überzeugungskraft, Authentizität
Interviews	Klärung offener Fragen aus den Übungen

Wenn AC-Auswahlverfahren erfolgreich sein sollen, dann müssen sie langfristig in ein Gesamtkonzept des Personalmanagements eingebunden werden.

Begeisterung

Ohne Begeisterung ist noch nie
etwas Großes entstanden.
R.W. Emerson

Begeisterung setzt große Mengen von Energie frei. Wenn uns etwas begeistert, wenn wir von etwas begeistert sind, dann fällt es uns leicht, uns für – oder gegen – etwas zu engagieren. Wir müssen nur von einem bestimmen ,Geist' erfüllt sein und schon spüren wir die aktivierenden Handlungsimpulse. Begeisterung nehmen wir als Gefühl wahr und Gefühle werden in einer sehr rational und funktionalistisch orientierten Welt oft als Störfaktor abgetan. Erinnern Sie sich an eine Situation aus der eigenen Kindheit, in der in Ihnen große Begeisterung entstanden ist oder beobachten Sie Kinder, die sich spontan für etwas begeistern können: Begeisterung erfasst den ganzen Menschen, Begeisterung drückt sich körperlich aus – vorausgesetzt wir blockieren uns nicht und erlauben uns diesen Ausdruck und zeigen damit, dass wir mit unserer Gefühlswelt gut verbunden sind.
Begeisterung nährt Visionen und die Vorstellungskraft lässt Ideen und zukünftige Projekte als gegenwärtige Aktivierung und als reales Engagement Wirklichkeit werden – von den tollsten Erfindungen bis hin zu zerstörerischen Kriegen können Beispiele genannt werden, welche in der ,Begeisterung für eine Sache' begründet sind. Begeisterung überwindet Hindernisse, sie lässt Menschen konsequent ein Ziel verfolgen; aber Begeisterung braucht auch eine bestimmte Richtung, in welche sie sich sozial verträglich und verantwortungsvoll entwickeln kann. Ein Sprichwort sagt: *Begeisterung ohne Wissen ist wie Laufen in der Dunkelheit.* Begeisterung ist wertvolle Energie, wenn sie zielgerichtet

und im Rahmen eines Planes sich verwirklichen kann (siehe auch: Lernen und Motivation).

Begeisterung braucht Freiräume des Erlebens und Erfahrens, in denen dieses umfassende Hochgefühl entstehen kann, welches uns so vieles mit Leichtigkeit ertragen lässt und uns *euphorisch* stimmt (aus der griechischen Sprache *eu = gut, schön* und *pherein = tragen*).

Ohne Begeisterung ist die Gefahr groß, dass in uns das Gefühl entsteht, uns geistlos durch das Leben zu bewegen; Begeisterung gibt Ideen Form und Halt und Begeisterung wirkt auch stark auf andere: Begeisterung kann ansteckend sein. Sind Sie in der Rolle als TeamleiterIn, ProjektleiterIn oder Führungskraft begeistert von dem, was sie tun? Welche Tätigkeiten und Aufgaben begeistern sie selbst? Und: Womit und wodurch begeistern Sie andere?

Ein Bauherr sucht für ein Projekt einen neuen Maurer und beobachtet drei Maurer auf einer Baustelle. Er fragt den ersten Maurer, was er denn hier mache. „Ich erledige meine Arbeit und lege Ziegel auf Ziegel, so wie es sich gehört" sagt dieser und der Bauherr wendet sich dem zweiten zu und stellt dieselbe Frage. Der zweite aber antwortet: „Ich verdiene hier meinen Lebensunterhalt, schließlich habe ich auch für meine Familie zu sorgen". Auch dem dritten Maurer stellt der Bauherr die Frage, was er hier tue. Dieser Maurer überlegt kurz und sagt dann stolz und mit leuchtenden Augen: „Ich arbeite daran, eine Kathedrale zu bauen".

Es fällt nicht allzu schwer, jene Antwort heraus zu filtern, in der die Begeisterung für eine gemeinsame Idee, für ein gemeinsames Ziel ausgedrückt wird.

Besprechungen

Gepriesen sei derjenige, der nichts zu sagen hat
und davon absieht, das auch zu beweisen!
G. Eliot

Besprechungen dienen vor allem dazu, etwas zu „besprechen" – Meinungen und Standpunkte werden ergebnisoffen ausgetauscht und bilden eine wichtige Grundlage für eine darauf folgende Entscheidungsfindung. Für eine reine Informationsweitergabe oder als Berichtsforum brauchen Sie keine Besprechung, trotz mancher Vorteile des geselligen Beisammenseins. Besprechungen werden ja immer noch in zynischen Kommentaren als die praktische Alternative zur Arbeit bezeichnet und unklare Ziele sowie mangelnde Prioritäten der Besprechungsleitung sind tatsächlich ein Grund dafür, weshalb Besprechungen als langwierig und unproduktiv empfunden werden. Unzureichende Vorbereitungen auf Besprechungen sowie mangelnde Konzentration der TeilnehmerInnen auf die zu bearbeitenden Themenschwerpunkte sind neben der fehlenden konsequenten praktischen Umsetzung der Ergebnisse laut einer Studie der Akademie für Führungskräfte Kritikpunkte von Besprechungen. Besprechungen werden auch häufig von SelbstdarstellerInnen als Bühne genutzt und leiden unter inhaltsleeren Wortmeldungen. Gespräche, so heißt es, sind für das Unternehmen genauso wichtig wie das Wasser für die Pflanze. Im Besprechungskontext wird aber eines wiederum klar: Führung ist vor allem auch Gesprächsführung!

Klarheit über die Rolle und Aufgabenstellung der Besprechungsleitung und grundlegende Fähigkeiten in der teilnehmer- und empfängerorientierten Kommunikation sind Voraussetzungen einer gelungenen, zufriedenstellenden und motivierenden Gesprächsleitung.

Aktuelle organisationale Entwicklungen, kooperative Modelle von Führungsarbeit und flache Hierarchien verlangen verstärkt nach Abstimmung und Teamarbeit. Für GesprächsleiterInnen gibt es zwei Ebenen, auf denen sie während einer Besprechung unterwegs sind und demnach auch die Aufmerksamkeit auf diese Bereiche gleichzeitig zu lenken haben und auch dementsprechend Interventionen zu setzen haben:

- die inhaltlich – sachliche Ebene und
- die sozial – interaktive Ebene.

Genügen zur kompetenten Bearbeitung der Tagesordnungspunkte meist fachliches Hintergrundwissen und die notwendigen Informationen, braucht es zur konstruktiven Gestaltung und Steuerung des sozialen Geschehens die Kenntnis fundierter gruppendynamischer Gesetzmäßigkeiten und das Selbstvertrauen, den Gruppenprozess in all seinen unvorhersehbaren situativen Variationen angstfrei begleiten zu können. Im Prinzip können Besprechungen in drei Teile gegliedert werden (einzelne Teile davon rechtfertigen keine eigene Besprechung):

Information	Informieren, Informationen austauschen
Aktion	Probleme beschreiben, Lösungsmöglichkeiten entwickeln
Entscheidung	Entscheidungen treffen, Maßnahmen koordinieren

In der Vorbereitung wird eine ergebnisorientierte Strukturierung der Besprechung entlang der Tagesordnung durch folgende Gedanken und Überlegungen unterstützt:

- Worum geht es genau? Was ist das Hauptthema? Gibt es Nebenthemen?
- Welche Aspekte gehören dazu? Welche sollen ausgeklammert werden? Warum?
- Ist die Themenabfolge klar? Welche Punkte sollen auf jeden Fall, welche eventuell diskutiert werden?
- Sind die vorhandenen Informationen ausreichend? Woher kommen die Informationen? Sind die Informationen zuverlässig? Wie können notwendige Informationen besorgt werden? Liegen alle notwendigen Informationen vor?

Wer braucht welche relevanten Informationen zur Besprechungsvorbereitung?

- Sind die zentralen Thesen und Positionen mit den aussagekräftigen Kerngedanken zu den einzelnen Punkten formuliert? Gibt es dazu bekannte oder mögliche Gegenargumente? Wie kann diesen überzeugend begegnet werden?
- Sind die Ziele eindeutig und klar formuliert? Gibt es mögliche Zielkonflikte?

Sind in diesem Falle die Prioritäten eindeutig? Welche möglichen anderen Ziele wird es in der Gruppe geben? Verschieben sich dadurch die Zieldimensionen?

- Können mehrere Lösungs- oder Handlungsmöglichkeiten vorgestellt werden?

Sind die unterschiedlichen Effekte klar und verständlich entlang der damit verbundenen Vor- und Nachteile vermittelbar?

- Kann und soll (schon) eine Entscheidung getroffen werden? Wer ist davon wie betroffen und welche Konsequenzen ergeben sich daraus? Ist die Umsetzung inhaltlich und zeitlich konkretisierbar? Gibt es

eine faire Verteilung der Realisierungsschritte nach
Fähigkeiten, Interessen und Zeitressourcen?
Für die befriedigende und motivierende Gestaltung des Grup-
penprozesses und eines angenehmen Gruppenklimas sind folgende Tipps hilfreich:

- Sorgen Sie dafür, dass sich alle Mitglieder an der Diskussion beteiligen, wenn nötig, sprechen Sie einzelne
  Personen an und ersuchen Sie einladend um eine
  Stellungnahme (niemals in Form eines Vorwurfs).
- Haben Sie keine Angst vor Konflikten und vor emotionalen Beiträgen; zeigen Sie Verständnis für ein hohes Engagement und fassen Sie unterschiedliche Positionen zwischendurch zusammen und laden Sie dazu ein, das gemeinsame Ziel in den Vordergrund zu
  stellen.
- Steuern Sie sehr zeitbewusst den Ablauf und bestehen Sie auf der Einhaltung von vereinbarten Regeln
  (z.B. Redezeit, Verzicht auf Wiederholungen).

Eine kurze Checkliste für erfolgreiche Besprechungen beinhaltet
folgende wichtige Punkte:

- Sie eröffnen und beenden die Besprechung positiv
- Sie führen in das Thema und dessen Bedeutung ein,
  vereinbaren Regeln für den Gesprächs- und Arbeits-
  ablauf und organisieren die Wortmeldungen.
- Sie achten auf die Einhaltung der Regeln und motivieren zurückhaltende Mitglieder, ihre Meinung darzu-
  legen; Sie bewerten die einzelnen Beiträge nicht.
- Sie strukturieren die Themen, fassen zwischendurch
  zusammen, verhalten sich neutral und visualisieren
  den Verlauf mittels passender Medien.
- Sie senden klare Ich-Botschaften und wertschätzende
  Du-Botschaften.

Bewerbungsgespräche

Ein gescheiter Mann muss so gescheit sein,
Leute anzustellen, die viel gescheiter sind als er selbst.
J.F. Kennedy

Im Bewerbungsgespräch finden Sie heraus, inwiefern Anforderungsprofil der Arbeitsstelle und Eignungsprofil der BewerberInnen übereinstimmen. Auch hier gilt: Jedes Gespräch ist so gut wie die Vorbereitung darauf. Äußere Bedingungen, persönliche Verhaltensweisen, die Inhalte und der Verlauf des Gesprächs bestimmen das Ergebnis wesentlich.

Diese Fehlerquellen sind durch Vorbereitung zu vermeiden:
- das Fachwissen wird häufig falsch beurteilt (Über- oder Unterbewertung bisheriger Tätigkeiten oder Arbeitgeber)
- die Persönlichkeit wird nicht korrekt beurteilt (fehlerhafte Interpretation des Gesprächsverhaltens, Über- und Unterbewertung des ersten Eindrucks)
- das betriebliche Umfeld wird zu sehr vernachlässigt (mangelhafte Informationen zur Leistungs- oder Unternehmenskultur bisheriger Arbeitsstellen)
-

Folgende **Grundsätze** haben uneingeschränkte Gültigkeit:
- Sie beginnen und beenden das Gespräch positiv.
- Sie führen das Bewerbungsinterview entlang eines vorbereiteten Leitfadens; der Lebenslauf kann eine Orientierungshilfe sein.
- Mind: nur etwa ein Drittel der Zeit sprechen Sie.
- Sie führen das Gespräch ziel- und ergebnisorientiert.

- Sie haben ausreichend Informationen über das Unternehmen wie auch über die ausgeschriebene Stelle bzw. angebotene Position vorbereitet.
- Sie planen am Ende genügend Zeit ein für die Fragen der BewerberInnen.
- Wenn Sie das Gespräch mit anderen KollegInnen zusammen führen, dann stimmen Sie sich vorher genau ab, wer welche Bereiche im Interview übernimmt.

Tipps und Empfehlungen für erfolgreiche Gesprächsführung:
- Verzichten Sie auf allzu große Spontaneität und üben Sie sich in kontrollierter Freundlichkeit; bleiben Sie als Gesprächspartner ohne Maske wahrnehmbar.
- Nehmen Sie sehr bewusst eine neutrale Haltung ein und geben Sie keine vorschnellen Bewertungen ab; vor allem: hören Sie aufmerksam zu.
- Achten Sie sehr auf die Zeit: die BewerberInnen reden deutlich mehr als Sie.
- Informieren Sie realistisch und lebensnah, beschreiben Sie auch Schwierigkeiten und Herausforderungen und fragen Sie bei Unklarheiten konsequent nach.
- Gehen Sie mit inhaltlichen Informationen zunächst sparsam um: BewerberInnen hören oft sehr genau aus Ihren Statements heraus, welche Antworten erwünscht sind und richten sich auch danach.
- Widerstehen Sie manch verlockenden Versuchen, sich im „small talk" zu verlieren und orientieren Sie sich konsequent am Leitfaden.

Achten Sie genau auf die jeweiligen rechtlichen Rahmenbedingungen; es gibt Fragen, die sind im Bewerbungsgespräch unzulässig: zum Beispiel Fragen nach der Religions- oder Parteimitgliedschaft, einer geplanten Heirat oder einer bestehenden Schwangerschaft.

Beziehungen

*Zwischenmenschliche Beziehungen sind
mit ,Abstand' die besten...
G. Uhlenbruck*

Gehen wir von einer banalen Tatsache aus: als Menschen, als soziale Wesen sind wir immer in Beziehungen mit und zu anderen Menschen. Die Art, wie diese Beziehungen gestaltet und erlebt werden, bestimmt in großem Ausmaß unser Selbstbild und unseren Selbstwert. Prägende Einflüsse aus der Eltern-Kind-Beziehung, aus der Beziehung zu Geschwistern, Freunden und Freundinnen, PädagogInnen oder Erfahrungen aus der Berufswelt mit KollegInnen sind in der Gegenwart wirksam und lassen uns eher vorsichtig sein oder eher vertrauensvoll sein, wenn es darum geht, mit anderen Menschen in Beziehung zu treten.

Der Begriff Beziehung beschreibt zunächst ein Verhältnis zwischen Elementen oder Menschen und ist dynamisch zu verstehen. Beziehungen entstehen, entwickeln sich und ändern sich. Zwischenmenschliche Beziehungen sind gestaltbar und formbar, je nach Aktivität der beteiligten Personen und abhängig von Werten und Wichtigkeit, die diesen Beziehungen zugeschrieben werden und wie die Beziehungen erlebt werden. Um eine Beziehung einigermaßen passend zu beschreiben, bedarf es der Aussage oder der Beschreibung aller Beteiligten – in Alltagsbeschreibungen ist uns diese Voraussetzung nicht immer bewusst. „Kollege X unterstützt Kollegen Y" ist keine Aussage, welche geeignet ist, die Beziehung dieser beiden Kollegen zu beschreiben. Möglicherweise erlebt Kollege Y das „unterstützende" Verhalten des Kollegen X als überheblich und bevormundend und die zweite Aussage könnte lauten: „Kollege X mischt sich immer ein". Erst jetzt sind Versuche gestattet, die Beziehung zwischen den beiden Kollegen zu charakterisieren.

Die Beziehung zu den MitarbeiterInnen kann im betrieblichen Umfeld von mehreren Seiten her betrachtet werden: es gibt juristische Aspekte (Arbeitsvertrag), betriebswirtschaftliche Aspekte (MitarbeiterInnen stellen Investitionen bzw. ‚Humankapital' dar) und vom buchhalterischen Standpunkt sind MitarbeiterInnen in der Aktivbilanz zu finden. Beziehungen können aus drei unterschiedlichen Perspektiven betrachtet, beschrieben und analysiert werden: von der Sichtweise eines Beobachters und aus der eines jeden der Beteiligten. Holen Sie deshalb nach Möglichkeit immer auch die beiden anderen ‚Beschreibungen' ein, wenn es um Beziehungen zu den MitarbeiterInnen geht – mit all den damit verbundenen Erfahrungen, Erinnerungen, Gedanken, Gefühlen und Bedürfnissen.

Entlang folgender Kategorien wird die Qualität von Beziehungen entwickelt und bewertet:

- Anlass, Art und Inhalt der Interaktionen und Begegnungen
- Ausgeglichenes Verhältnis zwischen aktiven und passiven Interaktionselementen
- Wahrnehmung von und konstruktiver Umgang mit Konflikten
- Einsatz von Positionsmacht und Autorität: je weniger, desto besser
- Dialog, Offenheit, Authentizität und Verlässlichkeit

Bedenken Sie in der Führungsverantwortung:

Beziehungen sind ein dynamischer Prozess und werden bei jeder Begegnung aktiviert, relativiert, gestaltet – und verändert!

Burn out

Halte Dir jeden Tag 30 Minuten für Deine Sorgen frei –
und in dieser Zeit mache ein Nickerchen!
A. Lincoln

Ständig präsenter Leistungsdruck, ununterbrochene Erreichbarkeit und außerordentliches Engagement führen häufig in einen totalen Erschöpfungszustand. Dieses körperliche und seelische Tief ist als Diagnose „Burn out" fast zu einer Art Zivilisationskrankheit geworden und ist eigenständig schwer zu bewältigen; nur mit Hilfe von Fachleuten ist der Weg in ein „normales" Leben wieder zu schaffen, in dem die Betroffenen wieder Kraft genug haben, mit den Belastungen und Herausforderungen des Alltags umzugehen.

Wenn die Energiereserven aufgebraucht sind, jegliche Kreativität versiegt ist und keinerlei Zuversicht vorhanden ist, mit seinen Aufgaben fertig zu werden, dann braucht es eine Neuorientierung im beruflichen Alltag, um den Ursachen für diese Entwicklung zu entkommen. Sehr unterschiedlich sind die Gründe für die Überlastungen: von der einfachen Selbstüberforderung und einem Hang zum Perfektionismus bis zu großen Selbstzweifeln, von denen manche geplagt werden und sich deshalb über verstärktes Engagement mehr Aufmerksamkeit oder Zuwendung und Anerkennung von außen erwarten.

Das Burn out – Syndrom beschreibt quasi das Erlöschen eines inneren Feuers und umfasst vielfältige Erscheinungsformen: auf der körperlichen Ebene leiden die Betroffenen unter Kopfschmerzen, Schlaflosigkeit, Verdauungsstörungen, muskulären Verspannungen; auf der seelisch-geistigen Ebene schlagen Initiative und Engagement um in Verdruss und Antriebslosigkeit. Vor etwa einem halben Jahrhundert stellten Fachleute dieses Phänomen vor allem bei Menschen fest, die in helfenden und pädagogischen Berufsfeldern tätig waren: bei KrankenpflegerInnen, LehrerInnen oder TherapeutInnen. Heute beschränkt sich das *Ausgebrannt-sein* auf keine spezielle Berufsgruppe mehr, ist bei alten und jungen Menschen sowie bei Männern und Frauen diagnostiziert; Fachleute sehen *Burn out* als Indikator einer in vielen Bereichen bereits ,erschöpften' Gesellschaft.

StudentInnen und ManagerInnen, selbst ProfisportlerInnen sind vom Kräfteverlust betroffen und berichten oft von einem lange dauernden Weg der Wiederherstellung der Leistungsfähigkeit. Für die Aufgaben des Alltags spüren immer mehr Menschen zu wenig Kraft, die Verpflichtungen des Lebens werden zur damit zur kaum bewältigbaren Hürde. Obwohl Burn out in kritischen Kommentaren immer wieder auch als ,Modediagnose' dargestellt wird, so sprechen doch Zahlen der Krankenversicherungen eine deutliche Sprache: Psychische Belastungen am Arbeitsplatz verursachen in Deutschland pro Jahr mittlerweile Kosten von über 6 Milliarden Euro. Die Arbeitsunfähigkeit am Ende eines derartigen Prozesses stellt aber nur einen Faktor dar; im Prozess wirken sich selbstverständlich auch der zunehmende Verlust der Konzentration und die erhöhte Wahrscheinlichkeit, dass falsche Entscheidungen mit entsprechenden Konsequenzen getroffen wurden, aus.

Personen mit Führungsverantwortung haben häufig überhöhte Selbstansprüche – ein Merkmal, das vielen Burn out– Betroffenen gemeinsam ist. Entscheidend ist, dass Sie lernen, mit den eigenen Energien vernünftig und verantwortungsvoll haushalten!

Carpe diem

Den größten Teil meiner Zeit
verbringe ich damit, sie zu verschwenden.
St. Weinberg

Carpe diem, heute oft auch mit einem eindrucksvollen Ausrufe-
zeichen versehen, stammt aus der Schlusszeile einer vom römi-
schen Dichter Horaz verfassten Ode. Die Aussage fordert im Ori-
ginaltext einfach dazu auf, die begrenzte Ressource Lebenszeit
bewusst zu genießen; wörtlich übersetzt bedeutet ‚carpe diem‘
ja nichts anderes als ‚*pflücke den Tag*‘ – und nicht, wie im Kontext der Leistungsgesellschaft oft fehlinterpretiert: Nutze den
Tag - und mache Dir Stress! Den Tag zu pflücken wie eine Frucht
und ihn ebenso zu genießen wie eine Frucht, ist das eigentliche
Anliegen dieser Aussage. Es heißt im Original: *Während wir re-*
den, ist die missgünstige Zeit verflogen; genieße den Tag und sei
argwöhnisch gegenüber dem folgenden Tag!
Wie kann der Arbeitsalltag genossen werden, wenn er voll ist
von Terminen, unangenehmen Entscheidungen, schwierigen
Verhandlungen und lästigem Kleinkram? Es ist eine bekannte
Tatsache, dass nicht in erster Linie die Aufgaben und Inhalte bestimmen, wie wir uns dabei fühlen, sondern vor allem unsere
Einstellung und Haltung dazu beiträgt, wie wir eine Situation
erleben. Jeder Tag, jeder Arbeitstag ist Teil unseres Lebens.
Wenn wir das Gefühl haben, dass das, was wir im Rahmen unserer Arbeitszeit erledigen, also das, was wir in einem großen Teil
unserer Lebenszeit tun, auch Sinn macht, dann genießen wir
diese Zeit eher als wenn wir das Gefühl haben, die Dinge, mit
denen wir uns beschäftigen und uns während unserer Lebenszeit auseinandersetzen, sind überwiegend sinnlos.

Im übertragenen Sinn können Sie also das Motto *carpe diem* so verstehen: Machen Sie sich im Arbeitsalltag bewusst, welchen Sinn die einzelnen Aufgaben haben, geben Sie Ihren Tätigkeiten Bedeutung, begründen Sie die Wichtigkeit einzelner Arbeitsschritte und Sie können jeden Tag, an dem Sie einen Beitrag dazu leisten, ein Ziel zu erreichen oder einen Schritt auf dem Weg dorthin schaffen in einer Art genießen, die Freude darüber entstehen lässt, dass Sie eine Frucht nach der anderen pflücken und sich wohl fühlen, weil Sie die Ernte oder wenigstens einen Teil davon einbringen können.

Im Vordergrund steht aber die Konzentration auf die Gegenwart, nicht die Orientierung an einem weit in der Zukunft liegendem Punkt. Wir sind aufgefordert, im Hier und Jetzt zu leben, die Ängste und Sorgen um die Zukunft (den morgigen Tag) auszublenden und die Freuden und positiven Aspekte des aktuellen und gegenwärtigen Lebens zu sehen, denn das Leben findet immer ganz konkret in der Gegenwart, im Augenblick statt. Je mehr es uns gelingt, unsere Kräfte, unsere Gedanken, unsere Wahrnehmungen in der Gegenwart zu aktivieren, desto ‚ertragreicher' wird das tägliche *Pflücken* und wir sorgen damit zugleich für eine lebenswerte Zukunft. Konzentrieren wir uns aber zu sehr auf ein zukünftiges Ziel, steigt die Gefahr, dass wir die gegenwärtigen Anforderungen aus den Augen verlieren und ihnen nicht gerecht werden können, den Alltag dann eher belastend und sinnentleert empfinden.

Jeder Bergsteiger setzt jeden Schritt bewusst und konzentriert sich auf das Stück des Weges, das er gerade geht – die Wahrscheinlichkeit unterwegs zu stolpern wird größer, wenn er seinen Blick nur auf den Berggipfel richtet.

Change Management

Die Steinzeit ging nicht deshalb zu Ende,
weil die Steine ausgingen...
A. Yamani

Veränderungen bedeuten immer große Herausforderungen für alle Beteiligten und Betroffenen, für jene, welche die Veränderungen initiieren und für jene, welche mit den Konsequenzen umzugehen haben. Veränderungen sind notwendig, sind willkommen, wirken bedrohlich. Veränderungen können als Zeichen der Dynamik, der Lebendigkeit, der Aktualität gesehen werden und sind zugleich Hinweise auf einen Routinebruch, auf die Gefährdung einer (liebgewonnenen) Stabilität, auf den Bruch mit der (gewohnten) Ordnung und den eingespielten Abläufen. Neben den geheimnisvollen Aspekten zum Generalthema ,Führungsverantwortung' ist das Thema ,Veränderungsmanagement' der zweite spannende und magische Themenbereich in der Managementliteratur. Das erste Thema fokussiert doch eher die Person, das zweite mehr die organisationale Ebene. Veränderungen oder die Reaktionen auf Veränderungen sind für den Erfolg und das Überleben von Unternehmen unverzichtbar und es sind unzählige Faktoren, welche Veränderungen von innen oder von außen bewirken: von der Einführung eines Total Quality Managements bis hin zu wechselnden Rahmenbedingungen eines Weltmarkts.

In dem bekannten Buch ,*Management Guide*' von Boyett / Boyett ist zu lesen, dass bis zu siebzig Prozent der in den letzten 20 Jahren eingeleiteten Veränderungsprozesse ihre Ziele verfehlt hätten. Das eigentliche Problem bei der Umsetzung von Veränderungsinitiativen wird häufig bei den Menschen gesehen, die sich gegen die Umsetzung zur Wehr setzen, auch wenn diese Menschen von den Veränderungen Vorteile zu erwarten haben. Folgende Aspekte werden allgemein für die Begründung einer Ablehnung angeführt:

- Ein negatives Ergebnis wird vermutet
- Eine vermehrte Belastung wird befürchtet (Gibt es Unterstützung? Lohnt sich der Aufwand?)
- Ablaufroutinen und Gewohnheiten müssen aufgegeben werden
- Die Kommunikation wird als mangelhaft erlebt
- Bestimmte Teile der Organisation werden nicht erfasst

Zwei Punkte werden in der Praxis als zentrale Momente für das Gelingen oder Scheitern bei der Einführung und Begleitung von Veränderungsprozessen gesehen: Bei vielen Formen des spürbaren Widerstandes von MitarbeiterInnen gegen Veränderungen hat sich gezeigt, dass die Menschen vor allem deswegen dagegen waren, weil sie das Gefühl hatten, die Veränderungen würden ihnen aufgezwungen und sie wehrten sich deswegen vor allem dagegen, *verändert zu werden*. Dieser Aspekt führt unmittelbar zum zweiten Punkt, zur bedeutenden Rolle der Kommunikation. Es muss gelingen, die Veränderung mit all ihren visionären Dimensionen so überzeugend darzustellen und zu kommunizieren, dass gleichsam ein Bedürfnis danach entsteht. Durch Veränderungen bedingte Verbesserungen sollen sehr kurzfristig erlebbar und nachvollziehbar sein und das Wichtigste zum Schluss: Beteiligen Sie als verantwortliche Person bei Veränderungsprozessen möglichst viele MitarbeiterInnen, binden Sie möglichst viele Personen in die tragenden Entscheidungen mit ein, denn seinen eigenen Ideen widersetzt sich kaum jemand.

Checklisten

Checklisten sind ein wichtiges, einfaches und sehr nützliches Werkzeug. Verwenden Sie Checklisten und Sie erleichtern Ihren Alltag, Sie entlasten Ihre Gehirnaktivitäten und können Aufmerksamkeit und Konzentration besser nutzen, weil Sie zwischendurch nicht immer wieder an etwas denken müssen, das Sie nicht vergessen dürfen. Checklisten befreien den Kopf und halten ihn frei. In standardisierten Abläufen, in hochkomplexen Produktionsverfahren, in besonders präzisen Prüfungsverfahren bis hin zur Urlaubsplanung kommen Checklisten zum Einsatz. Flugzeuge starten erst nach erfolgreichem Abarbeiten der Checkliste, so manche Meetings oder größere Firmenfeiern wären ohne vollständige Checkliste im Hintergrund wohl kaum erfolgreich verlaufen.

Im Internet können Sie auf einfache Art und Weise Checklisten für die verschiedensten Situationen finden: von der Tagesplanung bis zur Präsentationsvorbereitung, von der Messeplanung bis zur Urlaubsplanung, von der Wohnungsübergabe bis zur Vorbereitung eines Bewerbungsgesprächs – es finden sich auch Checklisten zum Bügeln von Hemden sowie zur Eigendiagnose zur Früherkennung von Computersucht. Checklisten vermindern einigen Aufwand, sparen Zeit und sind als Planungs- und Organisationshilfsmittel eine gute Hilfe zur Steigerung der Effizienz und können in den meisten Fällen auch problemlos als Applikation auf dem Smartphone genutzt werden.

Sind Checklisten einmal vollständig entwickelt (notwendige kleine Adaptierungen erfordern ganz wenig Zeitaufwand), so erleichtern sie die Arbeit indem sie jedem als Grundlage für strukturiertes Arbeiten dienen können, unabhängig von den Erfahrungen und Kenntnissen einer einzelnen Person. Der gezielte Einsatz von Checklisten entlastet also nicht nur Einzelpersonen, sondern auch Abteilungen oder Teams von individueller Einsatzbereitschaft oder personengebundener Verfügbarkeit von Knowhow.

Ein weiterer wesentlicher Vorteil neben der Zeitersparnis ist die qualitätssteigernde und qualitätssichernde Wirkung von Checklisten: Verminderung von Risiko, Vermeidung von Fehlern und deren Konsequenzen. Das Vorgehen nach Checklisten vermittelt Sicherheit und das ist auch der Grund, warum für neue, bislang noch unbekannte Abläufe oder zukünftige Routinen oder auch für Tätigkeiten, welche eher sehr selten durchgeführt werden und bei denen die Sicherheit durch regelmäßige Erfahrungswerte nicht gegeben ist, Checklisten entwickelt werden sollen.

Als einfaches Beispiel sei hier die bekannte ALPEN-Checkliste als Methode zur Aktivitätsplanung angeführt:

A	Aktivitäten detailliert aufschreiben
L	Länge der einzelnen Aktivitäten realistisch einschätzen
P	Pufferzeiten und Reaktionszeiten reservieren
E	Entscheidungen über Prioritäten treffen
N	Nachkontrolle durchführen und neu planen

Und vergessen Sie nicht die Richtlinie für Pläne und Checklisten: Zeit für das Ungeplante einplanen! Maximal 60 Prozent der verfügbaren Zeit verplanen!

Coaching

Coach, Trainer, Begleiter, Betreuer – was haben diese Worte und Berufsbezeichnungen mit Führungsaufgaben zu tun? Wieder ein Modewort und Kofferbegriff, womit vieles ver- und missverstanden werden kann? Ja – und nein. Schulcoaching, Mediencoaching, Jobcoaching – viele Bereiche, unterschiedlichste Aufgaben. Coaching im Führungskontext bedeutet, dass Personen mit Führungsaufgaben in einer bestimmten Haltung, in einem neu definierten Rollenverständnis und mit einer klaren Zielsetzung ihre Aufgabe wahrnehmen. Fachliche Fortbildung und persönliche Weiterentwicklung gehören zu den klassischen Führungsverantwortlichkeiten und Coaching kann als jenes Instrument der Personalentwicklung gesehen werden, mit welchem Entwicklungsprozesse in Gang gesetzt werden können, entlang derer die MitarbeiterInnen *,noch besser werden'*.

Coaching schafft also ein bestimmtes Milieu, schafft Wachstumsbedingungen, in denen Motivation und Leistungsbereitschaft, Eigenverantwortung und Teamorientierung steigen. Wenn Führungskräfte den MitarbeiterInnen in einer Coaching-Haltung begegnen wollen, dann sehen sie sich als Unterstützer und Entwickler, als Begleiter und Förderer – und lösen sich von der traditionell geprägten Führungsrolle und der damit verbundenen Verantwortlichkeit *,für alles'* und der Entscheidungsvollmacht *,über alles'*. Führungsarbeit im Coaching-Verständnis beginnt damit, *anders* über Menschen, über Probleme und über

Beziehungen zu reden – und dies wiederum setzt voraus, *anders* über Menschen, Beziehungen und Probleme zu denken.

In der Coaching-Haltung (oder in der Rolle als Coach) begegnet die Führungskraft den MitarbeiterInnen in einer kooperativ-partnerschaftlichen Haltung, um auf der Beziehungsebene alle Voraussetzungen in der Gesprächsführung zu schaffen, die mögliche Wege zur individuellen oder gemeinsamen Zielerreichung aufzeigt und sie leichter und von klassischen Machtbeziehungen weniger störend beeinflusst gehen lässt. Da die direkte Beziehung zu den MitarbeiterInnen (jenseits aller bestehenden strukturellen und selbstverständlich situativ wirkenden Faktoren) hauptsächlich über kommunikative Werkzeuge gestaltet wird, drückt sich die Coaching-Haltung in der Führungskommunikation vor allem in einer veränderten Art der Gesprächsführung aus.

Die allgemeinen Rahmenbedingungen dieser veränderten Gesprächsführung sind vor allem:

- Zeigen Sie den MitarbeiterInnen, dass Sie *aktiv* zuhören
- Signalisieren Sie, dass Sie die Anliegen und Inhalte *verstehen*
- *Akzeptieren* Sie Gefühle, Gefühlsäußerungen und *fragen* Sie nach Interessen
- Geben Sie *ehrliches* und offenes Feedback
- Treffen Sie *klare* und eindeutige Vereinbarungen

Das klingt relativ einfach, ist in der alltäglichen Anwendung aber für viele Führungsverantwortliche eine große Herausforderung, weil sie gewohnt sind Vorgaben zu machen, Entscheidungen zu treffen und Verantwortung zu übernehmen. Bei Führungstrainings habe ich immer wieder den gut gemeinten Redefluss von Führungskräften mit dem Hinweis unterbrochen: „Solange Sie selbst reden, erfahren Sie nichts!" (siehe auch: Lösungsorientierung)

Es ist eine bekannte Regel: Wer fragt, führt. Deshalb kann sehr verkürzt Menschenführung auch als Gesprächsführung beschrieben werden. Coaching braucht eine mitarbeiterorientierte Unternehmenskultur, Führungskräfte, die wesentliche ihrer Tätigkeiten im Coaching-Verständnis wahrnehmen, arbeiten weniger „im System" als vielmehr „am System"; im Vordergrund stehen Vertrauen, Team- und Dialogfähigkeit sowie Veränderungsbereitschaft. Peter Drucker, bekannter Autor zahlreicher Management-Lehrbücher hat diesen Wandel so umschrieben: Vom Würdenträger zum Spielertrainer.

Die Art und Weise, wie wir miteinander umgehen, schafft einen großen Teil der erlebten Wirklichkeit. Wenn Führungskräfte ihre MitarbeiterInnen coachen, also eine unterstützende Form der Gesprächsführung praktizieren, dann leisten sie einen wesentlichen Beitrag zur Leistungsoptimierung, deren Grundlage aber nicht Druck, Zwang und Angst bildet, sondern Wertschätzung und Vertrauen, vermehrte Eigenverantwortung und Entscheidungsfähigkeit.

Coaching hat das Ziel, etwas zu verändern – genauer: Veränderung zu ermöglichen. Informationen geben, einen kooperativen Austausch pflegen und Sicherheit schaffen sind wesentliche Zutaten zur Erhöhung von Lernmöglichkeiten und Veränderungsbereitschaft.

Vor einigen Jahren schon veröffentlichte ein führendes deutsches Management-Magazin eine Umfrage über die Fähigkeiten, die eine Führungskraft vor allem haben sollte. Die Liste der Prioritäten hat sich kaum verändert und sieht folgendermaßen aus:

1. Sich in andere hineindenken
2. Aktiv zuhören
3. Authentisch bleiben
4. Richtige Fragen stellen
5. Vertrauen erwecken
6. Selbstkritisch sein

Die größten Hindernisse beim Umsetzen gut gemeinter Coaching-Absichten und Coaching-Aktivitäten sind Angst vor negativen Konsequenzen sowie vor Ablehnung und Bloßstellung und mangelndes Vertrauen auf der Seite von MitarbeiterInnen. Auf der Seite der Vorgesetzten sind dies fehlende Qualifikation, mangelnde Neutralität und Loyalitätskonflikte und vor allem Zeitprobleme – aber viele Führungskräfte lassen sich coachen in Sachen Zeitmanagement; es kann also nur besser werden...

Als Einstieg zur Einübung einer etwas veränderten Herangehensweise an ein konkretes Problem kann ein Mini-Coaching-Programm hilfreich sein:

- Schreiben Sie auf, warum Sie glauben, dass es das Problem genau in der Form gibt, in der es jetzt existiert und als Aufgabe von Ihnen zu lösen ist.

- Überlegen Sie im nächsten (herausfordernden) Schritt Ihre eigenen Beiträge, die Sie persönlich leisten, damit es das Problem in dieser Form gibt.

- Listen Sie auf, was Sie bislang alles versucht haben, um das Problem zu lösen und dokumentieren Sie, warum etwas funktioniert hat und warum nicht.

- Stellen Sie sich vor, die Welt ist über Nacht so geworden, wie Sie es sich immer gewünscht haben; alle Probleme sind gelöst: Was ist anders? Wer verhält sich wie?

- Was fällt Ihnen nun ein, wie Sie aktiv werden können? Was können Sie anders machen, um Ziele zu erreichen?

Coaching als Teil des modernen Führungsverständnisses ist in diesem Sinne ein Stück erlernbares und trainierbares lösungsorientiertes Gesprächs-Führungsverhalten.

Delegieren

Arbeit macht Spaß-
aber Spaß beiseite...
Spontispruch

Die Möglichkeit „Aufgaben delegieren" steckt voller Fallen; gleichzeitig steht diese Aktivität beziehungsweise Entscheidung in sehr engem und sehr wirkungsvollem Zusammenhang mit Zeitmanagement und Arbeitsorganisation, mit Mitarbeitermotivation und Mitarbeiterförderung und Personalentwicklungsfragen allgemein.

Zunächst einige Gedanken zu den angesprochenen Fallen. Denken Sie in aller Ruhe und sehr ehrlich zu sich selbst über folgende Fragen nach: Gibt es Aufgaben, von denen Sie glauben, nur Sie könnten diese erledigen? Sind nicht einige Aufgaben in der Liste Ihrer Alltagsagenden für die andere Mitarbeiter bezahlt werden? Gibt es Bereiche, wo Sie das Gefühl haben, es geht nicht ohne Sie und Sie glauben, Sie seien unentbehrlich?

Wenn Sie Delegation effizient einsetzen, dann können Sie persönlich viel wertvolle Zeit sparen und zugleich sehr motivierend auf Ihre personelle Umgebung einwirken. Oft werden einfach lästige und belastende Arbeiten abgegeben oder es werden simple Anweisungen gegeben, doch das schafft weder Motivation noch entspricht dies den klassischen Kriterien des Führungsinstruments ,Delegation'. Wenn Sie Aufgaben delegieren, dann stellen Sie sicher, dass die MitarbeiterInnen auch alle Mittel und Ressourcen zur Verfügung haben, die sie zur Erledigung der Aufgabe benötigen und alle Entscheidungslinien innerhalb des Aufgabenbereichs laufen. Mitarbeiter können nur dann eigenverantwortlich erfolgreich sein, wenn sie zu allen nötigen Werkzeu-

---

gen Zugang haben und eigenständig entscheiden können. Hilfreich zum inhaltlich sinnvollen und von den Mitarbeitern akzeptierten Delegieren sind wieder einfache Regeln und Überlegungen:

WER soll / kann / muss etwas tun?	Wer ist geeignet? Stärken?
WAS ist dabei genau zu tun? Welche einzelnen Schritte sind zu beachten?	Teilaufgaben? Ergebnisse? Schwierigkeiten?
WARUM ist diese Aufgabe zu erledigen? Welches Ziel wird damit verfolgt / erreicht?	Sinnhaftigkeit klarlegen! Konsequenzen skizzieren!
WIE ist vorzugehen? Gibt es Vorgaben und Richtlinien? Stehen Hilfsmittel zur Verfügung? Gibt es Kostengrenzen?	Rahmenbedingungen, Möglichkeiten und Grenzen darlegen
WANN ist zu beginnen? Wann soll die Aufgabe erledigt sein? Gibt es Zwischentermine einzuhalten?	Terminplan, Zwischentermine, Kontrollen Unterstützung sichern
WO werden die Aufgaben erledigt? Wohin ist das Endprodukt zu liefern?	Räume, materielle Ressourcen, Infrastruktur

Aus Gründen der Mitarbeiterförderung und der motivierenden Wirkung wegen können und sollen Aufgaben delegiert werden – aber Achtung: eines darf auf keinen Fall delegiert werden: die ‚letztendliche' Führungsverantwortung!

Denken

Die kürzesten Worte „ja" und „nein"
erfordern das meiste Nachdenken.
Pythagoras

Ein Buch, das ich vor einigen Jahren kaum aus der Hand gelegt habe, war Harald Welzers Buch ‚*Selbst denken*', von der TAZ seinerzeit als wichtigstes Buch des Jahres empfohlen. Ich war fasziniert von der unaufdringlich einladenden Art, Fakten miteinander zu verknüpfen und folgerichtig weiter zu denken. Als Motto für meine eigene Arbeit hatte ich jahrelang folgenden Spruch, der auch mit Klebebuchstaben auf dem Auto sichtbar war: Seinen Weg gehen und Spuren hinterlassen... Und es gab ja auch die Zeit, da waren Buttons mit klugen Sprüchen „in" – auf dem, welchen ich in der Studentenzeit und auch bei verschiedenen Anlässen noch danach trug, war zu lesen: Wo lassen Sie denken? Der Neurobiologe Gerald Hüther beschreibt in seinem Buch ‚*Etwas mehr Hirn, bitte*' die Lust am eigenen Denken als notwendige Voraussetzung unserer persönlichen wie sozialen Weiterentwicklung. Ernst Hauschka gibt in einer seiner aphoristischen Weisheiten zu bedenken: *Was nützt es, wenn der Mensch Lesen und Schreiben gelernt hat, aber das Denken anderen überlässt?* Worüber denken Sie (oft und lange) nach? Sie wägen Argumente ab, bevor Sie Entscheidungen treffen, Sie denken nach, wie Sie ein Problem angehen und zu Lösungen kommen werden – was denken Sie über sich, über Ihre Umgebung, über die Welt, über den Sinn des Lebens, Ihres Lebens? Wie oder was denken Sie über diese Themen? Und Sie erinnern sich sicher an die eine oder andere mahnende Stimme im elterlichen oder schulischen Hintergrund: Was hast Du Dir dabei gedacht?

Denken orientiert sich einerseits an bestimmten Inhalten, versucht diese (auch begrifflich) zu fassen, ordnet sie, verbindet sie. Denken drückt aber auch eine bestimmte Meinung über etwas aus, vermittelt einen Eindruck, gibt anderen Auskunft über unser Verhältnis zu etwas: Wie denkst Du drüber? Denken lenkt aber auch unsere informationsverarbeitenden Prozesse in eine bestimmte Richtung und konzentriert und fokussiert ausgewählte Energiepotenziale: Denken Sie an den letzten Urlaub, an ein trauriges Ereignis…

Denken ist auch Trainings- und Übungssache. Nehmen Sie sich Zeit dazu. Und nehmen Sie sich raus aus dem Alltagsgeschehen. Der Weg des Gehirns ist der Umweg, heißt es. Was wir entspannt so gut abrufen können, fällt uns unter Stress - Beispiel Prüfungssituationen – oft nicht ein. Lassen Sie Gedanken kommen und weggehen, so wie die Wolken am Himmel sich bewegen. Konstruktives und produktives Denken braucht kreative Freiräume. Die Qualität der Denkinhalte hängt nicht von der Masse des Gehirns ab, sondern steht in Zusammenhang mit der Anzahl der Verknüpfungen und der Kommunikation zwischen den Gehirnwindungen. In Fachkreisen wird in Verbindung mit künstlicher Intelligenz auch darüber diskutiert, inwiefern auch Maschinen denken können. Auch wenn Schachcomputer schon Großmeister schlagen können, so ist doch der Mensch (noch) im Vorteil, wenn es um die kontextuelle Flexibilität geht, wenn es also darum geht, Informationen so aufzubereiten, um damit passend und situationsadäquat denken und reagieren zu können. Erfolgreiches Tun braucht also erfolgsvorbereitendes Denken – oder was denken Sie?

Dialog

Erst wenn ich höre, was ich sage,
weiß ich, was ich rede.
Unbekannt

Das Wort Dialog selbst bedeutet ursprünglich ein Gespräch zwischen zwei Personen in Rede und Gegenrede, der klassische Gegensatz also zum Monolog. Die griechische Wurzel *dialegesthai* beschreibt das ‚sich bereden' und setzt sich zusammen aus den beiden Teilen *dia* (durch, hindurch) und *logos* (Wort, Rede). Im übertragenen Sinn wird also das Wort Dialog auch dazu verwendet, um unabhängig von den dialogisch transportierten Inhalten einen Prozess zu beschreiben, der jene Möglichkeiten andeutet, welche dadurch geschaffen werden, indem miteinander geredet wird . Der Dialog wird somit zur Metapher für den kommunikativen Brückenbau, für das kooperative und partnerschaftliche Gespräch, in dem das Bemühen um gegenseitiges Verständnis und um Annäherung sichtbar wird. Schlagzeilen wie *Jugend und Politik im Dialog*, die Diskussion um den *Dialog der Generationen* oder die Bedeutung des *interkulturellen Dialogs* sowie der *Dialog der Religionen* belegen dies sehr deutlich.

In der Philosophiegeschichte ist die Bedeutung des Dialogs ebenso verankert wie in modernen Konzepten von lernenden Organisationen oder in aktuellen Therapie- und Beratungsformen. Die Sophisten setzten den Dialog bewusst als Gestaltungsmittel zur Problemerörterung und Wissensgenerierung ein, moderne Philosophen sehen die Wichtigkeit des Dialogs in dessen Möglichkeit, durch die Gesprächsvertiefung auf die für das Denken wesentlichen und unser Handeln damit prägenden Annahmen zu kommen; der Dialog kann damit auch zur Entdeckungsreise in biografische, bislang weniger beachtete Landschaften werden und dadurch können auch Sichtweisen, Einstellungen und Standpunkte sich verändern. Dies ist auch der methodische Ansatz bei der dialogischen Vorgangsweise im organisationalen Umfeld. Der Dialog beinhaltet damit nicht nur die bekannten kommunikativen Aspekte zwischenmenschlicher Kommunikation, sondern besitzt vor allem transformative Qualitäten.

Der interpersonelle Austausch braucht vor allem einen geschützten Raum, dessen tragende Wände aus Bausteinen des Vertrauens bestehen. Als grundlegende dialogische Fähigkeiten werden folgende genannt:

- Zuhören (das Gesagte und Gehörte auf sich wirken lassen)
- Wahrnehmen (eigene Gefühle, Gedanken und Reaktionen auf das Gesagte)
- Respektieren (auf Abwertungen, Kritik und Schuldzuweisungen verzichten)
- Mitteilen (die eigenen Positionen in der eigenen Sprache artikulieren)

Die immer noch gültigen Grundlagen finden wir im sokratischen Dialog; dieser hatte als Gesprächsmethode das Ziel, über eine gewisse Verunsicherung beim Gesprächspartner diesen anzuregen, selbst Antworten auf Fragen zu finden oder ihn für eine Neuorientierung vorzubereiten. Der im sokratischen Sinn geführte Dialog bringt (ein bislang) verborgenes Wissen hervor, betont die Eigen- und Mitverantwortlichkeit an der zu gestaltenden Wirklichkeit und wird damit auch zum motivierenden Führungswerkzeug, da Haltungen und Einstellungen zur beruflichen Alltagwelt auf wertschätzende Weise sichtbar werden.

Disziplin

Ich kann allem widerstehen.
Nur nicht der Versuchung.
O.Wilde

Wenn wir uns diszipliniert verhalten, wenn wir Disziplin zeigen, dann verhalten wir uns als Lernende. Ursprünglich bedeutet ,disciplina' (lat.) Lehre oder auch Schule; der ,discipulus' ist demnach der Schüler und der Lernende. Das Thema ist schwierig und herausfordernd, sowohl im pädagogischen Handlungsfeld wie im Führungskontext. Wir verlangen oft viel von den anderen und gehen sehr verständnisvoll und großzügig um, wenn es um die eigene Disziplin geht. Selbststeuerung und verantwortliche Eigenkontrolle sind zwar gesellschaftlich erwünscht, aber die Wege und Prozesse, damit diese Ziele erreicht werden können, werden zunehmend von Faktoren beeinflusst, die uns vorgaukeln, dass wesentliche Ergebnisse und erwünschte Zustände immer mehr mittels Knopfdruck funktionieren. Wir wissen alle aus der schulischen Erfahrungswelt, wie wichtig ,dranbleiben' und ,durchhalten' sind und mit welchen Mühen das Lernen manchmal verbunden und wie groß die Freude war, ein Ziel erreicht zu haben. Disziplin per se ist weder gut noch schlecht; sie dient immer einem bestimmten Zweck. Über diesen Zweck kann und muss man diskutieren, damit Disziplin als brauchbares Werkzeug akzeptiert werden und damit wirksam werden kann.
Es gibt ja zu allen erdenkbaren Themen Rankings und Hitlisten; bei den Umfragen nach den gefragtesten Charakterstärken wird Disziplin kaum noch genannt, da sind Ehrlichkeit, Humor oder Mut auf den Topplätzen. Allerdings ist die mangelnde Selbstdis-

ziplin bei der Frage nach den persönlichen Schwächen die unangefochtene Nummer Eins!

Verantwortung und Selbstüberwindung, Geistestraining und Willensstärke – im Supermarkt gängiger Wertorientierungen findet man diese in einer schlecht ausgeleuchteten Ecke, obwohl sie als Partner von erfolgreichen Menschen im Sport, in der Wirtschaft oder in der Zivilgesellschaft genauso im Rampenlicht stehen sollten, denn ohne sie gäbe es den Erfolg eben kaum. Viele Menschen wollen zwar den Erfolg als Ergebnis, sind aber kaum bereit, den oft schwierigen und herausfordernden Weg dorthin zu gehen. In der Öffentlichkeit scheint mehr Disziplin wieder mehr Gesprächsthema zu werden: in einer schon mehrere Jahre zurückliegenden SPIEGEL-Umfrage verlangten fast 80 % der Befragten, dass Schüler wieder zu mehr Disziplin erzogen werden sollten. Auf dem Hintergrund allgemeiner gesellschaftlicher Entwicklungen ist kaum vorstellbar, dass sich diese Zahlen drastisch verändert hätten. Eine Reihe persönlicher wie gesellschaftlicher und wirtschaftlicher Probleme wird heute von Experten mit mangelnder Selbstdisziplin im Zusammenhang gesehen: ausufernder Konsum, schulisches Leistungsverhalten, problematisches Ernährungs- und Gesundheitsverhalten, Verhaltensauffälligkeiten am Arbeitsplatz usw.

Disziplin ist oft wichtiger als Intelligenz, das ergab eine Studie der University of Pennsylvania. Wer in der Lage war, Regeln zu befolgen, das Verhalten den Gegebenheiten anzupassen und verantwortlich zu reagieren und impulsive Reaktionen zu vermeiden, hatte bessere Leistungen und Bewertungen und fehlte seltener; der gemessene Einfluss der Selbstdisziplin auf den Erfolg war doppelt so hoch wie der begleitend gemessene Intelligenzquotient. Disziplin, Erfolg und persönliche Entwicklung gehen Hand in Hand – wenn wir uns *diszipliniert* als Lernende verstehen.

Diversity

Je länger man vor der Tür zögert,
desto fremder wird man.
F. Kafka

Vielfalt bewirkt Wachstum und Entwicklung, Unterschiede sind als ‚Vervielfältigung' der Möglichkeiten zu sehen und bergen enormes Potenzial. Das jeweils ‚Andere', das ‚Fremde', das ‚Neue' war früher willkommene Abwechslung im Urlaub, auf Auslandsreisen und ist mittlerweile zur gesellschaftlichen Herausforderung im Alltag geworden und ist in ein neues Verständnis von Normalität zu integrieren. Kulturelle, soziale und personelle Vielfalt begegnet uns in regionalen wie in internationalen unternehmerischen Kontexten als integrative Herausforderung. Auf der historischen Grundlage von Antidiskriminierungsgesetzen gibt es auch auf der wirtschaftspolitischen Ebene Vereinbarungen, in denen mit den Begriffen Diversity und Vielfalt grundsätzlich Wertschätzung und Respekt verbunden werden (zum Beispiel Austrian Diversity Charter, 2010).

Die Europäische Kommission hebt vor allem den betriebswirtschaftlichen Vorteil von Diversity - Management (DM) hervor und aktuell wird im Zusammenhang mit Frauenförderung und Gender-Mainstreaming von einer Triple-Strategie gesprochen. Generell wird unter DM ein strategischer Managementansatz zur Schaffung struktureller und sozialer Bedingungen zur Steigerung der Leistungsbereitschaft und des Organisationserfolges verstanden (vgl. ÖNORM S 2501:2008) In der Austrian Society for Diversity findet sich in der begrifflichen Erweiterung die Förderung der Chancengleichheit und der kompetente Umgang mit Vielfalt; damit wird eine Diversitätskompetenz geschaffen mit

den zentralen Bereichen Wissen, Reflexion, Sozialkompetenz, Handlungskompetenz und Methodenkompetenz zur Einführung von diversitätsspezifischen Maßnahmen usw. (vgl. auch ISO 30415 - Internationale Norm über "Personalmanagement - Diversity and Inclusion" aus 2021)
Die Entwicklung entsprechender Kompetenzen erfordert folgende Grundeinstellung:

- unterschiedliche Interpretationsmöglichkeiten einer Situation zulassen können,
- Distanz zu sich selbst und den gewohnten Handlungs- und Reaktionsmustern zu gewinnen,
- unterschiedliche Erwartungen und Bedürfnisse anerkennen und sie angstfrei und kooperativ in Handlungsentwürfe einbeziehen können und
- Sensibilität für mögliche Missverständnisse und Konfliktquellen zu entwickeln.

Die sechs Kerndimensionen des Diversity Managements sind:

- Alter
- Menschen mit Behinderung
- Geschlecht / Gender
- Sexuelle Orientierung
- Ethnie / Migrationsrealitäten
- Religion / Weltanschauung

Persönliche und individuelle Merkmale sowie historisch kulturelle Aspekte in einer sich ständig verändernden sozialen Umgebung und einer darauf reagierenden betrieblichen Organisationswelt sind bei Diversity Management in eine konstruktive Balance zu bringen.

Emotionale Intelligenz

Wer keinen Spaß versteht,
den sollte man nicht ernst nehmen.
Szenespruch

Intelligenz ist als Fachbegriff, nicht eindeutig definiert und Forscher sind sich nicht einig darüber, welche Fähigkeiten darunter
zu verstehen sind – logisches Denken, rasches Lösen von Problemen, kreative Ideen, sprachliche oder musische Fähigkeiten,
Gedächtnisleistungen – all das spielt bei ‚intelligenten' Menschen eine Rolle. Reichen diese Fähigkeiten aber aus, um auch
die unterschiedlichen Erfolge bei Menschen mit gleich ausge-
prägter bzw. gemessener Intelligenz zu erklären? Daniel Goleman ist dieser Frage nachgegangen; er hatte bei einem Klas-
sentreffen erfahren, dass nicht der Klassenbeste der Erfolg-
reichste war, sondern ein Mitschüler mit nur durchschnittlichen
Noten. Er war aber der beliebteste Kumpel in der Gruppe und
konnte mit allen anderen sehr gut umgehen, verbreitete immer
gute Laune und war mit jungen Jahren erfolgreicher Manager.
Goleman, klinischer Psychologe an der Harvard University, behandelt in seinem Buch ‚*Emotionale Intelligenz*' (erstmals 1995
erschienen und weltweit zum Bestseller geworden) ausführlich
dieses erweiterte Verständnis von Intelligenz und erklärt es zur
notwendigen Voraussetzung für ein erfolgreiches Privat- und
Berufsleben. Das begriffliche Konstrukt der Emotionalen Intelligenz wurde 1990 in der Zeitschrift ‚Imagination, Cognition and
Personality' von Salovey und Mayer vorgestellt. Wegen unklarer
Abgrenzung zu anderen Begriffen Konzepten und den damit verbundenen inhaltlichen Überschneidungen (zum Beispiel mit Sozialkompetenz) gab es sehr kritische Kommentare aus der Wis-

senschaft; die Praxis hat allerdings diesen Ansatz mit Interesse aufgenommen, sieht in der Schulung und im Training dieser Fähigkeiten einen Wettbewerbsvorteil und diese Trainingsprogramme konzentrieren sich auf die fünf Elemente der emotionalen Intelligenz und verfolgen diese Ziele:

- Erkennen der eigenen Emotionen
- Emotionen verantwortungsvoll handhaben
- Emotionen konstruktiv nutzen
- Emotionen anderer richtig deuten
- Beziehungen produktiv und kooperativ gestalten

Goleman selbst versteht die Emotionale Intelligenz als eine Art Metafähigkeit, von der es abhängt, wie wir unsere sonstigen Fähigkeiten einsetzen und nutzen und wie diese von anderen Menschen wahrgenommen werden. Erfolgreiche Teams zeichnen sich immer wieder dadurch aus, dass die Mehrheit der Mitglieder ein hohes Maß an emotionaler Intelligenz mitbringen, KollegInnen mit vorwiegend technischen und rationalen Fähigkeiten sowie ManagerInnen als strenge Strategen und kalte Entscheider stoßen auf Schwierigkeiten; ausgeprägte kommunikative Fähigkeiten und emotionales Selbstmanagement sind gerade in Zeiten des wachsenden Wettbewerbs wichtig für die Motivation der MitarbeiterInnen und das wirtschaftliche Überleben.

Sich selbst, eigene Emotionen und die Gefühlswahrnehmungen anderer richtig einzuschätzen, in Stresssituationen deeskalierend zu wirken und passend zu reagieren ist eine bedeutende Fähigkeit und wichtige Voraussetzung für erfolgreiche Gespräche, für Verhandlungen, und hat vor allem in konflikthaften Momenten großen Einfluss auf das weitere Geschehen. Einige verhaltensprägende Aspekte der Emotionalen Intelligenz sind durchaus trainierbar in Begleitung kompetenter Coaches.

Empowerment

Man muss das Glück unterwegs suchen –
Nicht am Ziel – da ist die Reise zu Ende!
Sprichwort

Wieder eine moderne Begrifflichkeit, die universell in heterogenen Bedeutungen und unterschiedlichsten Kontexten verwendet wird: Bürgerinitiativen, Politik- und Unternehmensberater setzen ihn ein, in der Gesundheitsförderung wie im Erziehungswesen oder in Entwicklungshilfeprogrammen ist er zu finden und für therapeutisch Tätige scheint Empowerment eine genuine Selbstverständlichkeit ihrer Arbeit mit KlientInnen zu sein. Der kleinste gemeinsame Nenner besteht im eigenverantwortlichen und möglichst selbstbestimmten Handeln. Empowerment beinhaltet damit eine Art Zielorientierung und zugleich eine Art Wegbeschreibung zur Erreichung dieses Ziels; Prozess und Ergebnis verschmelzen in dieser verschwommenen Begrifflichkeit, die sich auf die persönliche, organisatorische, wirtschaftliche und gesamtgesellschaftliche Ebene bezieht.

In der amerikanischen Bürgerrechtsbewegung wurzelt dieser Begriff; 1976 erschien das Handbuch ‚*Black Empowerment*‘, in welchem soziale Benachteiligungen thematisiert wurden und mit entsprechenden Sozialprogrammen reduziert werden sollten. Benachteiligte sollten durch aktivierende Programme in die Lage versetzt werden, selbst und eigenständig zur Verbesserung ihrer Situation beizutragen und über den Feminismus, über politische und ethnische Emanzipationsbestrebungen, über verschiedene Selbsthilfeorganisationen oder zivilgesellschaftlichen Initiativen diffundierte das allgemeine Anliegen dahinter: Macht solle neu verteilt werden; Gefühle der Ohnmacht sollen einem gesunden Selbstbewusstsein Platz machen, Kompetenzen sollen besser sichtbar werden, Engagement soll zielgerichteter werden, Potenziale sollen erkannt und (ökonomisch wie gesellschaftlich) besser genutzt werden. Letztlich soll Empowerment die übermächtige Fremdbestimmung reduzieren und die verantwortungsvolle Selbstbestimmung durch entsprechende und fachkompetente Interventionen entwickeln helfen.

Im betrieblichen Kontext führt dies zu Widersprüchen, da individuelle Interessen der Mitarbeiter nicht a priori gleichzusetzen sind mit den unternehmerischen Zielen, persönliches Wachstum und Entwicklung in Richtung Selbstverwirklichung der Mitarbeiter sind gekleidet mit der Zwangsjacke des ökonomischen Unternehmenserfolgs.

Die Plausibilität des inhaltlichen Anspruchs von Empowerment hat auch offene Türen in verschiedensten Managementkonzepten gefunden und eine Antwort auf die engen Ansätze des Scientific Management gegeben, wonach es für jede Tätigkeit eine Art perfekter Ausführung gäbe. Im Jahr 1977 wurde die Studie ‚Men and Women of the Corporation' veröffentlicht, darin gab es Hinweise zur Auflockerung von Hierarchien in Betrieben und Anregungen zur Erhöhung der Entscheidungsfreiräume für MitarbeiterInnen. Heute belegen alle Studien, dass Motivation, Engagement und viele Faktoren des Betriebsklimas stark vom Umgang der Führungskräfte mit den MitarbeiterInnen beeinflusst werden. Engagierte MitarbeiterInnen haben eine höhere emotionale Bindung an das Unternehmen und investieren mehr Zeit und Energie in die alltäglichen Herausforderungen. Empowerment ist hier funktional mit Führung verbunden; Gefühle der Machtlosigkeit auf der Führungsebene tendieren dazu, auf der nachgeordneten Ebene Macht abzuziehen. Empowerment konzentriert sich auf die anregenden, aufregenden und interessanten Teile der Arbeit.

Entscheidungen

Der schlimmste Weg, den man wählen kann,
ist der, keinen zu wählen.
Friedrich II

Entscheiden Sie sich ganz spontan für eine Zahl, die angibt, wie oft wir durchschnittlich am Tag Entscheidungen treffen. Was glauben Sie? Haben Sie sich für eine Zahl entschieden? Welche Zahl haben Sie geschätzt? Der Alltag ist voll von Entscheidungen; Sie entscheiden sich aufzustehen oder noch fünf Minuten liegen zu bleiben, das Radio anzustellen oder noch die Ruhe zu genießen – es sind ca. 20 000 Entscheidungen täglich.

Die meisten Entscheidungen sind einfach und laufen quasi automatisiert und vielfach auch unbewusst ab. Im beruflichen Alltag stehen wir zudem unter Zeitdruck bei Entscheidungen, die wir in Ruhe und mit Übersicht und klarem Verstand treffen sollten; einige der anstehenden Entscheidungen werden deshalb auch rasch und spontan – aus dem Bauch heraus – getroffen. Viele Experimente haben ergeben, dass die Spontanentscheidungen sehr häufig in der Ergebnisqualität den rational gefundenen Entscheidungen nicht nachstehen; manchmal sind die spontanen und intuitiven Entscheidungen sogar besser – auf alle Fälle werden sie schneller getroffen. An der Universität Chicago gab es ein Experiment mit Golfspielern; Golfprofis spielen am besten, wenn sie kaum Zeit haben, über ihren Schlag nachzudenken.

Wir lassen uns oft von Instinkten bei unseren Entscheidungen leiten oder beeinflussen; Gefühle trüben den Verstand nicht, wie oft behauptet wird. Unsere Gefühle geben dem Verstand Impulse, in eine für uns passende Richtung zu überlegen. Viele Menschen quälen sich (und häufig auch ihre Umgebung) damit, keine Entscheidung zu treffen und sind sehr kreativ, die passenden Ausreden dafür zu konstruieren. Entscheidungen haben Konsequenzen, mit diesen Konsequenzen muss man leben und letztlich ist es auch eine Entscheidung, sich nicht zu entscheiden. Entscheidung bedeutet immer auch eine Art Abschied zu nehmen, sich *für* und damit auch *gegen* etwas zu entscheiden. Wenn wir uns für etwas entscheiden, wird auch viel produktive und kreative Energie frei und wir verabschieden uns von Alternativen. Oft hemmt uns genau diese Angst vor Verlusten und wir konzentrieren uns zu wenig auf die positiven Gefühle der mit unserer Entscheidung verbundenen neuen Wirklichkeit. Vor allem langfristig wirkende Entscheidungen sind eine Herausforderung: sie ist jetzt – in der Gegenwart – zu treffen und die Wirkungen sind oft erst in ferner Zukunft zu spüren. Diesem Entscheidungsstress entkommen wir, wenn wir uns klar machen, dass es vor allem darum geht, ‚*hin – zu – Entscheidungen*‘ statt ‚*weg-von-Entscheidungen*‘ zu treffen; die Konzentration auf ein Ziel, auf die entstehenden Chancen, auf die positiven und erwünschten Ergebnisse von Entscheidungen erleichtert den Abschied von Bekanntem und Vertrautem, das aber eben zum Problem geworden ist und uns zur Entscheidung zwingt. Nicht selten verteidigen wir keine oder falsche Entscheidungen und unterliegen einer Selbsttäuschung und üben uns in Schönmalerei. Gewohnheiten, lieb gewordene Alltagsroutine und Bequemlichkeiten sind sehr stark entwickelt und lassen Gefühle der Unsicherheit und eine chaotische Vorgehensweise bei der Entscheidungsfindung entstehen. Eine einfache Hilfe besteht darin, alle Pro- und Contra- Argumente aufzulisten und diese auch in der Zeitdimension (Gegenwart und Zukunft) darzustellen und die *10-10-10-Formel* anzuwenden: Welche Folgen hat meine Entscheidung in 10 Tagen, in 10 Monaten, in 10 Jahren?

Entwicklung

Wer aufhört besser zu werden,
hat aufgehört gut zu sein.
Ph. Rosenthal

Wieder so ein allgemein verwendbarer und auch verwendeter Kofferbegriff: wir sprechen von der Entwicklung der Weltwirtschaft, des Ölpreises, des Dollar- und Eurokurses, von der Entwicklung des Arbeitsmarktes und fragen uns, in welche Richtung sich Europa oder die USA wohl entwickeln werden... Im Alltag haben Sie es vielleicht mit Personalentwicklung, mit Organisations- und Teamentwicklung oder mit Produktentwicklung zu tun; möglicherweise entwickelt sich Ihre Beziehung nicht ganz nach Ihren Vorstellungen und die Kinder entwickeln sich – generell beschreibt der Begriff einen auf ein Ziel hin orientierten Prozess, der vielfach von gegebenen Voraussetzungen beeinflusst wird, aber auch ein Geschehen beschreibt, das von externen Impulsen gesteuert wird. Bestimmte Entwicklungen in Unternehmen sind in direkter Beziehung zu Steuerungsimpulsen zu sehen, wenn es etwa um Investitionsschübe geht, die eine gewünschte Entwicklung ermöglichen sollen; im Rahmen einer Persönlichkeitsentwicklung sind die Unschärfen und Unsicherheiten schon größer, wenn es um jene Interventionen geht, welche die Entwicklung in eine gewollte Richtung forcieren sollen.

Entwicklung impliziert immer ein konkretes Ziel. Die vorhandenen Grundlagen sollen über von außen kommenden Anreizen und Impulsen eine bestimmte Zielerreichung ermöglichen und erleichtern. Wenn zum Beispiel Personalentwicklung als Motor für Motivations- und Leistungssteigerung dienen soll, dann gilt es jene Faktoren zu identifizieren, welche motivierend und leistungssteigernd wirken und jenes Klima und jene Bedingungen zu schaffen, welche eine derartige Entwicklung ermöglichen – und nicht erzwingen! Entwicklung kann nur sehr bedingt über die Vorgaben von außen gesteuert werden; dieser Prozess braucht vertrauensvolle, fördernde und Sicherheit gebende Rahmenbedingungen. Stellen Sie sich einen jung gepflanzten Baum in Ihrem Garten vor: Sie geben dem noch schwachen Stamm Halt und Sicherheit durch eine Stütze, aber alle Maßnahmen greifen nicht im Sinne der Entwicklung des Potenzials des Baums, wenn dieser nicht über die Wurzeln die entsprechenden Nährstoffe aufnehmen kann oder gar von Schädlingen befallen wird, gegen die Sie nichts ausrichten können. Vielleicht haben Sie auch selbst schon an einem so genannten Führungskräfte-Entwicklungsprogramm teilgenommen – was ‚wurde‘ dabei bei Ihnen entwickelt? Was ‚hat sich‘ in Ihnen entwickelt? Welche waren Ihre persönlichen Schwerpunkte? Worauf wurden Sie durch die Trainingsinhalte erst aufmerksam? Entwicklung als zielorientierter Prozess beinhaltet aber nicht nur die positiven Schritte zur Zielerreichung, sondern vor allem auch die bekannten krisenhaften Elemente. Entwicklung beinhaltet auch immer unvorhersehbare und belastende Momente, die mit ihr einhergehen.

Ein generelles Ziel von (menschlichen) Entwicklungsprozessen ist die erhöhte Verantwortungsbereitschaft gegenüber sich selbst, gegenüber anderen und auch gegenüber materiellen Ressourcen sowie eine Vergrößerung der Entscheidungs- und Handlungsspielräume. Wenn Entwicklungsprozesse durch Gegebenheiten, Akteure, Ressourcen und Interventionen gesteuert werden, dann haben Team- und Führungsverantwortliche als Impulsgeber und Gestalter von Rahmenbedingungen enorme Wirkungsmöglichkeiten. Es gilt Talente, Begabungen und Stärken der MitarbeiterInnen zu entdecken und zu entwickeln (vgl. Coaching).

Erfahrung

Erfahrung ist der Name,
mit dem jeder seine eigene Dummheit bezeichnet.
O. Wilde

Wie oft ist es Ihnen passiert, dass sich Ihre KollegInnen oder Ihre Vorgesetzten bei Entscheidungen auf gemachte Erfahrungen gestützt haben oder sie damit begründet haben? Wie häufig verlassen Sie sich selbst auf Ihre eigenen Erfahrungen? Wir berufen uns im Alltag sehr oft auf unsere Erfahrungen; so hilfreich sie auch sein mögen, wir gehen aber meist mit ‚alten' Erfahrungen in ‚neue' Situationen und damit verpassen wir die Möglichkeit, ‚neue' Erfahrungen zu machen. Erfahrungen zu machen ist eine grundlegende Art des Lernens, aus der Auseinandersetzung mit der belebten und materiellen Umwelt erlangen wir Wissen, gleichsam empirisch überprüftes Wissen, welches wir oft über allgemein gültige und anerkannte Gesetzmäßigkeiten stellen nach dem Motto „..habe ich doch selbst erfahren". Erfahrungen sind zunächst sehr subjektiv und erst wenn eine große Anzahl von Menschen vergleichbare oder ähnliche Erfahrungen macht, dann ist es zulässig, sich argumentativ auf diese Erfahrungen zu stützen. Um zu Wissen zu gelangen ist es aber auch notwendig, dass es genügend Räume gibt, in denen wir (überprüfbare) Erfahrungen machen können – auch die Erfahrungen des Scheiterns, des Nicht-Gelingens gehören dazu.
Wenn wir uns auf die (persönliche oder intersubjektiv belegbare) Erfahrung berufen, dann weisen wir damit gleichzeitig Anleitungen oder Vorgaben aus unreflektierter Überlieferung zurück und akzeptieren vor allem Ergebnisse auf der Grundlage einer

kritischen Urteilsfähigkeit und der Bereitschaft, die sich darauf gründende Verantwortung des Handelns zu übernehmen.

Wenn wir das Wort betrachten, dann fällt zunächst die gemeinsame Wurzel ‚fahren' auf; Erfahrung und Gefahr sind damit in ihrer Bedeutung auch sehr nahe beisammen. Erfahrung bezeichnet also die Summe dessen, was wir auf der ‚Fahrt' (in der Ortsveränderung, in der Bewegung ‚von etwas zu etwas') erfahren haben, erlitten haben, auszuhalten hatten, erkannt haben…

Erfahrungen sind häufig auch schmerzhafte Erfahrungen; nur wohltuende oder angenehme Erfahrungen gibt es nicht. Erfahrungen – die es wert sind als solche bezeichnet zu werden – durchkreuzen auch immer unsere Erwartungen und widersprechen oft diesen; der deutsche Philosoph Bollnow beschreibt Erfahrung sogar als ‚enttäuschte Erwartung'.

Nachdenklich kann uns auch die sprachliche Formulierung stimmen, in der wir sehr einfach zum Ausdruck bringen, dass wir Erfahrungen *machen* – aber dieses Machen keinerlei Aktivität und keinerlei Tätigkeit im gewohnten Sinne bedeutet (wie wir einen Tisch oder einen Kuchen ‚machen'), sondern geradezu eine Art passives Erleiden beschreibt. Erfahrungen sind kaum berechenbar, die Zeitpunkte, in denen wir Erfahrungen machen sind kaum ausschließlich von uns bestimmbar.

Erfahrene Piloten, erfahrene Bergführer, erfahrene Ärzte – was zeichnet sie aus? Wissen alleine sicher nicht; es braucht offensichtlich eine spezielle Form der Praxis, die darin besteht, dass sich diese Menschen mit unterschiedlichsten Problemen und Herausforderungen auseinandergesetzt haben, sich den unerwarteten und überraschenden Situationen des Lebens gestellt haben und daran gewachsen sind. So gesehen bedeutet Erfahrung auch, die allgemeinen Aspekte in speziellen – oft auch kritischen und bedrohlichen - Situationen zu erkennen, sich nicht resignativ zu verhalten und Verantwortung zu übernehmen.

Erfolg

Wenn wir den Erfolg feststellen, dann betrachten wir meistens ein Ergebnis, einen Output, eine Leistung. Im Sport, in der Schule, im Studium, im Beruf – wenn jemand erfolgreich ist, wenn jemand etwas ‚erreicht' hat, fokussieren wir meist die Ziellinie oder die Siegesfeiern und Preisverleihungen nach Erreichen des Ziels und der Weg dorthin, alle damit verbundenen Anstrengungen und Entbehrungen, der mentale und körperliche Einsatz zur Erreichung eines Ziels gehören aber ebenso deutlich thematisiert. Das Wort selbst verweist auf den tieferen Sinn: Erfolg ist eben eine *Folge* von bestimmten Einstellungen, Plänen und Handlungen – erfolgreich wird man nicht zufällig; reich allein kann man auch durch Lottogewinne werden, um erfolgreich zu sein, braucht es persönliche Zutaten.

Ohne konkrete Zielsetzung kann es sehr schwer werden, erfolgreich zu sein. An der Harvard University gab es dazu eine interessante Langzeitstudie über den beruflichen Erfolg von Studierenden in Abhängigkeit von den spezifischen und klaren Vorstellungen darüber. Über 80 Prozent der Befragten hatten keine konkreten Zielvorstellungen über ihren weiteren beruflichen Karriereweg, knapp 15 Prozent hatten solche Zielvorstellungen und der kleine Rest hatte seine Ziele sogar schriftlich festgehalten. Nach einigen Jahren wurde das Durchschnittsgehalt dieser Gruppe gemessen und brachte folgendes Ergebnis: über 80 Prozent verdienten durchschnittlich etwa 2000 Dollar, etwa 15 Prozent verdienten das Dreifache davon und ein kleiner Teil hatte ein monatliches Durchschnittseinkommen von ca. 20.000 Dollar. Geld, das sei unterstrichen, ist nicht der zentrale Gradmesser für Erfolg – ist aber als Indikator bzw. Gegenwert für einen bestimmten Einsatz oder eine Leistung gesellschaftlich akzeptiert. Erfolg ist eine Folge fokussierten und konzentrierten Energieeinsatzes. Ideen, neue Erkenntnisse, Kreativität und Engagement tauchen aber sehr selten aus dem Nichts auf und bewirken das, was wir Erfolg nennen. Selbstkontrolle, konsequentes und zielorientiertes Entscheiden und Handeln sind notwendige und tragfähige Bausteine dafür – und ein entsprechender Plan. Menschen sind körperlich nicht besonders entwickelt; jeder kleine Schmetterling zeigt uns, wie das Fliegen tatsächlich funktioniert, jeder Gepard weist uns in der Fortbewegung unseren evolutionären Stellenwert zu, jede Katze sieht nachts mehr – aber wir haben ein höchst leistungsfähiges Werkzeug entwickelt, das uns in der Welt (noch) erfolgreich bestehen lässt: unser Gehirn als Zentrum unserer Planungs- und Entscheidungskompetenz.

Unser Erfolg hängt wesentlich von der Fähigkeit ab, uns verschiedenste Modelle der Wirklichkeit zu denken, uns in verschiedenste Situationen ‚hinein zu denken' und uns damit in der materiellen wie sozialen Welt zu bewegen.

Erfolg muss vor allem zunächst ‚gedacht' werden; ohne entsprechende innere Haltung, ohne einen Plan in Richtung Erfolg wird es auch kein entsprechendes Ergebnis geben. Ohne Rezept gibt es keine Mahlzeit, ohne Plan wird der Hausbau schwierig, ohne Fahrplan gibt es Chaos. In meinen Trainings zum Thema Konfliktmanagement gibt es als Einstieg in das Thema eine Übung um einen Ressourcenkonflikt. Jahrelang mit demselben Ergebnis: Jene Teilnehmer, die ohne konkretes Ziel und konzeptlos starten, gehören regelmäßig zu den sogenannten Verlierern. Erfolg braucht also zunächst ziel- und ergebnisorientiertes Denken.

Fachkompetenz

Ein Experte ist jemand,
der hinterher genau sagen kann,
warum seine Prognose nicht gestimmt hat.
w. Churchill

Haben Sie jemals in einem Fachbuch zum Themenbereich Kompetenzen geblättert? Vor zwanzig Jahren habe ich mein erstes Handbuch für meine Bibliothek angeschafft, darin sind nicht weniger als vierundsechzig (!) Kompetenzen und deren Trainingsmöglichkeiten aufgelistet; geordnet nach Personalen Kompetenzen, Aktivitäts- und Handlungskompetenzen, Sozial- und kommunikativen und Fach- und Methodenkompetenzen (vgl. Sozialkompetenz). Zu den Fachkompetenzen zählen im klassischen Verständnis alle jene Wissensbereiche, die im Rahmen der schulischen Laufbahn und in der Berufsausbildung vermittelt wurden. Fachwissen und begleitendes Generalistenwissen (etwa EDV) sind Voraussetzung für die ordentliche Bewältigung der Aufgaben im Beruf. Das Verständnis von diesen zur Erledigung der Aufgaben notwendigen Wissensinhalten hat sich aber sehr verändert; heute wird mehr Aufmerksamkeit der Frage zuteil, welches Wissen ist bzw. welche Kompetenzen sind für die Erreichung von Unternehmenszielen notwendig?
Neben den fachlichen Inhalten sind ebenso Kenntnisse über bestimmte Methoden (*best practice Modelle*) notwendig; neben den Kenntnissen über Materialien, Fertigungsschritte und Produkte ist das Wissen über Kunden, über Märkte und Mitbewerber heute ebenso Bestandteil von Fachkompetenz. In einer Führungsverantwortung weitet sich die Fachkompetenz noch mehr; dazu gehört dann die Kenntnis von Führungsaufgaben genauso

wie die Handhabung klassischer Führungsinstrumente. Innerbetriebliche Weiterbildung, überbetriebliche Seminare sowie Trainings on the Job und Selbststudium sind die gängigen Wege zur Aktualisierung der Fachkompetenzen.

Selbst Maßnahmen von schul- und bildungspolitischen Reformen folgen heute dem Kompetenzenmodell; bekannt sind zum Beispiel die Ergebnisse der PISA-Tests hinsichtlich der Lesekompetenz. Im Rahmen der MitarbeiterInnengespräche dienen Ist- Soll-Vergleiche als Grundlage von entsprechenden Plänen zur Kompetenzentwicklung; die Kompetenzen bzw. die Potenziale von MitarbeiterInnen zu erkennen, gehört zu den Fachkompetenzen von Führungskräften.

Fachkompetenzen haben keinerlei allgemeine Gültigkeit. Sie sind von den Verantwortlichen für die verschiedensten Stellen festzulegen und im Stellenprofil zu beschreiben. Bei Kompetenzen mit besonderer Bedeutung für die Bewältigung von aktuellen oder zukünftigen Anforderungen spricht man von Schlüsselkompetenzen. Diese Formulierung ist interessant, denn Schlüssel dienen dazu, ein Schloss zu öffnen, einen Zugang zu schaffen – mit den Schlüsselkompetenzen versucht man also die Türen in eine erfolgreiche unternehmerische (und gesellschaftliche) Zukunft zu öffnen.

Erstellen Sie für sich zunächst eine Liste mit allen erforderlichen Kompetenzen – Sie finden im Internet genügend Hilfen und Angebote. Bewerten Sie dann Ihre Kompetenzen und nehmen Sie entwicklungsfähige Bereiche bald in Angriff. Wie steht es um das Allgemeinwissen? Wie um die kundenorientierten oder ökologischen Kompetenzen? Wo verspüren Sie Nachholbedarf?

Haben Sie Ihre Fachkompetenzen den jeweiligen beruflichen Herausforderungen angepasst? Benötigen Sie weitere Kompetenzen in rechtlichen Belangen oder etwa in Querschnittsbereichen wie zum Beispiel im Diversity Management?

Feedback

Das Thema selbst und die Bedeutung von Feedback auf zwei Seiten zu beschreiben ist dieselbe Herausforderung wie die Kulturgeschichte der Menschheit auf einer Seite unterzubringen – trotzdem sollen die wesentlichen alltagspraktischen Aspekte für die Führungskommunikation zusammenfassend dargestellt werden: Feedback ist das Nahrungsmittel für gelingende Beziehungsgestaltung auf der kommunikativen Ebene. Wenn wir mit Watzlawick *Kommunikation als Verhalten* verstehen und damit die Tatsache akzeptieren, dass wir uns nicht ‚nicht verhalten' können, dann gilt auch für das Feedback, dass ‚alles' Verhalten, sprachlich wie nichtsprachlich als Antwort, als Rückmeldung wirksam werden kann. Jegliche Körperhaltung, ein Lächeln, ein Nicken, ein skeptischer Blick, ein kleines „Wirklich?" oder zwischendurch „Das ist ja interessant, was Sie da erzählen!" – alles bezieht sich auf das Vorangegangene und beeinflusst das Folgende. Wenn wir miteinander reden, wenn wir Botschaften senden, dann sind wir nie sicher, was (vom Inhalt) vom Empfänger aufgenommen wird und wie es beim Empfänger wirkt und welche Reaktionen es auslöst – sehr oft merken wir erst an der Reaktion des Empfängers, wie unsere Botschaft aufgenommen wurde und Sie kennen Ihre Reaktion auf diese Reaktion sehr gut; Sie sagen dann: „So habe ich das nicht gemeint…"
Zerlegen wir zum besseren Verständnis den Vorgang beim Empfänger einer Botschaft, um das Feedback einerseits inhaltlich im Sinne einer kommunikativen Brücke besser formulieren zu kön-

nen, andererseits auch den Zeitpunkt für passendes Feedback besser wählen zu können. Der Empfänger nimmt zunächst eine Botschaft wahr, er hört eine (sprachliche) Information. Diese Nachricht wird von ihm aber interpretiert auf dem Hintergrund seiner bisherigen Erfahrungen, seiner momentanen subjektiven Befindlichkeit – all das ist uns aber meist völlig unbekannt. Diese Interpretationsprozesse lösen beim Empfänger ein Gefühl aus und aus dieser Emotion entsteht die Reaktion. Erst an der Reaktion merken wir, was unsere Worte bewirkt haben. Der beste Zeitpunkt für Feedback ist daher jener, in welchem wir unsere Wahrnehmungen klar formulieren können - noch vor für den anderen kaum nachvollziehbaren Interpretationen und gefühlsstarken Reaktionen. Meist haben wir Feedback als (negative) Kritik erlebt und haben Angst, dass wir mit unserem Feedback andere verletzen könnten. Richtiges, also für den Kommunikationsverlauf förderliches Feedback ist wertschätzend, hilft uns selbst und den anderen besser zu verstehen und ist ein sehr wirksames Instrument zur Klärung. Sie beschreiben Ihre Wahrnehmung, Sie reden über sich, damit andere Sie besser wahrnehmen können. Brauchbares Feedback ist beschreibend (nicht bewertend oder interpretierend), konkret (nicht pauschal oder verallgemeinernd), realistisch und unmittelbar (nicht verspätet – Sie loben Ihren Hund ja auch nicht zwei Tage danach, nachdem er den Ball zurückgebracht hat). Thematisieren Sie rechtzeitig Ihre Wahrnehmungen und geben Sie wertschätzend Feedback. So reagieren Sie zum Beispiel auf einen Vielredner: „In den letzten zwanzig Minuten haben wir ausschließlich über Ihre Argumente gesprochen. Ich habe Angst, dass wir uns argumentativ im Kreise drehen. Mich interessieren auch die Meinungen der anderen Besprechungsteilnehmer. Ich schlage deshalb vor, dass alle ihre Positionen einmal ohne Kommentare der anderen darlegen. Wie ist die Meinung der anderen dazu?"

Fragetechniken

Zum einen eine alltägliche Selbstverständlichkeit, zum anderen ein höchst wirksames Instrument zur Wirklichkeitsgestaltung: die Frage. Wie spät ist es? Warum ist das Wasser nass? Warum die Banane krumm? Wie konnte das denn passieren? Was hast Du Dir dabei gedacht? Liebst Du mich noch? Was hast Du denn schon wieder?

Wenn wir fragen, haben wir ein bestimmtes Interesse, etwas zu erfahren, eine Information zu bekommen über etwas, was wir wissen wollen. Es gibt aber auch Fragen, die haben eine völlig andere Funktion: den anderen bloß zu stellen, dem anderen die Schuld zuweisen, unseren Selbstwert zu stärken, indem wir den des anderen angreifen, den anderen anklagen, lächerlich machen usw. Fragen dienen im Führungsalltag vor allem auch dazu, die Gedanken der MitarbeiterInnen kennenzulernen, in die Lebens- und Erfahrungswelt der anderen einzutauchen und teilzuhaben. Unterschiedliche Fragetypen sind je nach situativen Voraussetzungen passend und wirksam. Die geschlossenen Fragen schließen ihrer Natur nach tatsächlich etwas ab mit der Antwort, die sie produzieren: Sind die Angebote an den Kunden abgeschickt? Sind diese Konditionen für Sie akzeptabel? Ja. Das war es dann auch. Bei geschlossenen Fragestellungen legt sich der Antwortgeber fest, trifft eine Entscheidung. Konkrete und verbindliche Inhalte sind Feststellungen sind das Ziel; in verschieden Phasen der Gespräche sind geschlossene Fragen sinnvoll und hilfreich; der Antwortende kann sich durch geschlossen Fragen aber auch sehr eingeengt fühlen, deshalb ist es besser, bei Gesprächen über Probleme, bei Argumentationen, bei Entscheidungsfindungen in Teams usw. offene Fragen einzusetzen, um damit die Gesprächspartner einzuladen, aus sich herauszugehen, sich zu ‚öffnen', sich ausführlich mitzuteilen.

Jede offene Frage beinhaltet auch mehr oder weniger deutlich einen bestimmten Auftrag und fordert den Antwortenden auf, sich in eine bestimmte Richtung zu bewegen. Offene Fragen bringen Denk- und Reflexionsprozesse in Gang, wirken dynamisierend und verflüssigen gleichsam zunächst unbeweglich scheinende Haltungen und Einstellungen. Offene Fragen geben dem Gesprächspartner auch das Gefühl, ernst genommen zu werden und signalisieren, dass der andere wirklich interessiert daran ist, zu erfahren, welche Gedanken und Haltungen den Antwortenden bewegen. „Ich verstehe Sie noch nicht ganz. Könnten Sie Ihre Argumente näher erläutern?" „Das ist eine interessante Perspektive, erzählen Sie bitte, wie kommen Sie darauf?" „Könnten Sie bitte erläutern, wo für Sie die Schwierigkeiten liegen?" „Welche Vorschläge haben Sie zur Lösung dieses Problems?"

Verzichten Sie zukünftig auf die den Selbstwert angreifende Frage: „Hat das jeder verstanden?" und fragen Sie in wertschätzender Form sinngemäß etwa so: „Gibt es zu diesen Vorschlägen noch Punkte, bei denen Sie Unsicherheit spüren? Worüber möchten Sie (müssen wir) noch sprechen?"

Mit der Art und Weise, wie wir Fragen stellen, steuern wir einen Prozess in eine ganz bestimmte Richtung, im Beratungs- und Therapiegeschehen eine wesentliche Intervention. Wie wir in den Wald rufen, so schallt es zurück; wir erfahren die wirklichkeitsgestaltende Kraft unserer Worte sehr direkt in der Frage.

Im kommunikativen Werkzeugkoffer sind Fragen sehr wirksame und nützliche Werkzeuge. Das Motto dazu ist sehr einfach: Wer fragt, führt. Es heißt ja auch nicht umsonst: Gesprächsführung…

Freundlichkeit

Es gibt nur ein Problem, das schwieriger ist,
als Freunde zu finden: sie wieder los zu werden!
M. Twain

Kundenfreundlichkeit, Gastfreundschaft, Wertschätzung - vielfach werden diese Themen als wesentliche Bestandteile einer Unternehmenskultur gesehen und auch im Zusammenhang mit Wettbewerbsvorteilen genannt. Jene standardisierten Freundlichkeiten, die wir alle aus dem Telefonalltag kennen („Guten Tag, mein Name ist XY, was kann ich für Sie tun?") oder aus dem Supermarkt nach dem Zahlvorgang („Einen wunderschönen Tag dann noch!") stehen hier nicht zur Diskussion; sie können auch manchmal das Gegenteil beim Kunden bewirken. Gelebte und authentisch erlebte Freundlichkeit ist Teil eines respektvollen und wertschätzenden Verhaltens anderer Menschen gegenüber; seien es MitarbeiterInnen, KundInnen oder auch Vorgesetzte.
Schon Aristoteles positioniert die Freundlichkeit als Mitte zwischen demjenigen, der nur gefallen will und demjenigen, der nur Streit sucht. Der freundliche Mensch zeigt Interesse am anderen, nimmt Rücksicht auf den anderen und verhält sich so, dass es keinen Anlass zur Beschwerde gibt; Aristoteles beschreibt in einem Werk über Ethik dieses Verhalten als Verhalten ‚auf die rechte Art‘. Freundlichkeit sollte also das ‚normale‘ Verhalten anderer Menschen gegenüber sein; keine gespielte, aufgesetzte Höflichkeit, keine Freundlichkeit als Maske, hinter der sich andere Absichten verbergen. Die Wirkungsmechanismen sind vor allem auf der Beziehungsebene präsent; dies ist aber jene Ebene, welche die inhaltlichen Aspekte entscheidend beeinflusst. Wir haben alle ein Sensorium dafür, ob uns jemand offen und

freundlich begegnet oder in verdeckter Absicht versucht, auf freundliche Weise seine Anliegen durchzubringen. Freundlichkeit als Basis gelingender zwischenmenschlicher Interaktionen wird im personalwirtschaftlichen Bereich zu den personalen Kompetenzen oder zu den Sozialkompetenzen gezählt. Es ist eine Erfahrungstatsache, dass Freundlichkeit die Wahrscheinlichkeit freundlicher Reaktionen erhöht und auch beim gegenteiligen Verhalten gilt dieser kausale Zusammenhang.

Freundlichkeit ist vielen Ausprägungen stark kulturell geprägt und unterliegt entsprechenden Regeln, die in internationalen und interkulturellen (Geschäfts-)Beziehungen zu beachten sind. Es steht aber außer Streit, dass Freundlichkeit als Kontakt- und Beziehungsbrücke einen entscheidenden Erfolgsfaktor auch für wirtschaftliche Prozesse darstellt. Dort, wo Freundlichkeit erwartet wird, soll sie auch gelebt werden und als Kunden- oder Serviceorientierung oder auch als Art und Weise, wie Verhandlungen ablaufen, wahrgenommen werden.

Freundlichkeit bezieht sich aber nicht nur auf die sprachlichen Aspekte, sondern ist als Verhaltensaspekt selbstverständlich sehr stark körpersprachlich wirksam. Lächeln darf nicht zum abwertenden Dauergrinsen werden, Freundlichkeit darf nicht zur Beziehungsmasche werden, die verhandlungstaktisch dafür eingesetzt wird, um die eigenen Interessen durchzusetzen. Häufig wird versucht, bei Bewerbungsgesprächen besonders freundlich zu wirken; wenn wir versuchen, eine bestimmte Grundstimmung zu überspielen, dann merkt das der Gesprächspartner sehr bald, denn Sprache und Körpersprache senden dann widersprüchliche Signale. Klare, respektvolle und wertschätzende Botschaften und körpersprachliche Botschaften, die zeigen, dass wir den anderen wahrnehmen und wir ihm unsere Aufmerksamkeit schenken, sind Zeichen jener ‚normalen' aristotelischen Freundlichkeit, die zur menschlichen Grundausstattung gehört.

Führung

Führen heißt:
andere erfolgreich machen!
H. Gienow

Auf zwei Seiten kurz darzustellen, was in vielen hunderttausenden Büchern zum Thema publiziert wurde, ist nicht zu schaffen. Einen für mich zu Beginn meiner Tätigkeit prägenden Leitsatz kann ich aber den skizzenhaften Anmerkungen voranstellen: *You can manage things – but you have to lead people.* Dieser Leitgedanke prägt als grundlegende Orientierung meine eigene Seminar- und Trainingstätigkeit; werden doch heute sehr großzügig Führungs- und Managementaufgaben in einen Topf geworfen und begrifflich austauschbar verwendet. Viele Lehrbücher zu Führungsthemen verkünden im Untertitel sinngemäß oder wortgleich die Botschaft: Wie Führungskräfte bessere Manager werden (Management selbst ist ein problematischer Kofferbegriff). Auch keine Darstellung verschiedener theoretischer Konzepte wie Great-Man-Theory oder Kontingenztheorie, Verhaltensgitter nach Blake & Mouton oder St. Gallener Modell, sondern eine kleine Erinnerung an den alltäglichen Kleinkram im Führungsalltag mit seinen so fordernden Aufgaben. Führungsarbeit ist vor allem Beziehungs- und Motivationsarbeit. Wenn Sie denken, Menschen könnten als humane Ressourcen ähnlich wie materielle Ressourcen behandelt und verwaltet – eben gemanagt – werden, dann werden Sie Probleme haben, für deren Existenz Sie zusätzlich verantwortlich sind. Führungsverantwortung kann niemals delegiert werden. Als Führungskraft müssen Sie jene Antennen und Sensoren entwickeln, die Ihnen helfen, eine Situation rechtzeitig und richtig einzuschätzen. Wenn Sie

Menschen führen, in Teams, in Projekten mit ihnen gemeinsam ein Ziel erreichen wollen oder ein Ergebnis zu erzielen haben, weil auch Sie selbst an Vorgaben gebunden sind, dann machen Sie sich bewusst, unter welchen Bedingungen Sie selbst zu motivieren waren, was bei Ihnen funktioniert hat und was nicht. Erinnern Sie sich an Ihre eigenen Erfahrungen im Elternhaus und in der Schule: Welche Erlebnisse oder Personen haben Sie geprägt? Führungsverantwortung sorgt sich um die Aufgaben und noch mehr um jene, welche die Aufgaben zu erledigen haben. Führungskräfte geben bei Umfragen an, dass ca. 70 bis 80 Prozent der täglichen Arbeitszeit Aufgaben im Bereich *Kommunikation* einnehmen. Kommunizieren und entscheiden sind die zentralen Führungskompetenzen; klassisch wird bei Führungsaufgaben in sachrationale und sozioemotionale Aufgaben unterschieden. Lokomotive (ziel-und ergebnisorientierte) Kompetenzen und kohäsive (motivierende und gruppendynamische) Kompetenzen sollten in Balance entwickelt werden. Viele Führungskräfte sind als engagierte Lokomotiven unterwegs; sie nehmen die Gefahr in Kauf, dass sie unterwegs ihre Waggons verlieren!

Die Fachwelt ist sich einig: Je mehr (erfolgreiche) Führungskräfte man untersucht, desto schwieriger wird es, *einen* effektiven Führungsstil zu beschreiben. Eines ist unbestritten: eine wichtige und notwendige Aufgabe für viele Führungskräfte besteht darin, eine klare (für die anderen klar wahrnehmbare) Identität zu entwickeln. Hesselbein hat dies sinngemäß so formuliert: *"Leadership is a matter of how to be, not how to do it"*. Und Bennis geht noch einen Schritt weiter; in seinem Text 'On becoming a Leader' (1989) ist zu lesen: *„.. becoming a leader is synonymous with becoming yourself."* Führungstraining ist vor allem eins: Persönlichkeitsentwicklung. Bennis unterscheidet: Manager machen die Dinge richtig - Führungskräfte machen die richtigen Dinge.

Gelassenheit

Wann haben Sie sich das letzte Mal gewünscht, gelassener zu sein? Gelassener reagieren zu können? Was hat Sie aus der Ruhe gebracht? Eine unbedachte Bemerkung eines Kollegen? Ein Autofahrer, der Ihnen den Vorrang genommen hat?

Wir merken an einer bestimmten, oft schwer kontrollierbaren Verhaltensreaktion, wie schnell wir aus der Balance geraten. Meist geht es darum, dass jemand eine gewisse Grenze überschreitet und wir wollen und können dies zunächst nicht akzeptieren. Wir haben große Probleme damit, das, was bereits passiert ist, das, was wir kaum beeinflussen können, anzunehmen bzw. gelassen hinzunehmen. Gelassen zu reagieren bedeutet, dass wir etwas in der Form, in der es uns begegnet, auch tatsächlich *sein lassen* können. Heftigere gefühlsmäßige Reaktionen sind menschlich, verständlich und vielfach sehr gut nachvollziehbar, aber sie ändern nichts an den Tatsachen; häufig tragen wir durch unsere unbedachten und oft automatisierten Reaktionen zur (ungewollten) Verschlimmerung von Situationen bei.

Wir wünschen uns wohl alle mehr Gelassenheit in einer Umwelt, in der vielfältige Belastungen und Stressoren tagtäglich auf uns einwirken und uns einladen, Verhaltensweisen, Situationen und Ereignisse als grenzverletzend wahrzunehmen. Gelassen zu reagieren ist das Ergebnis täglicher Übung, ist eine Entscheidung, die wir treffen, bevor unsere automatisierten Gewohnheiten die Regie über unser Verhalten übernehmen. Wenn wir lernen, gelassener zu reagieren, treffen wir Entscheidungen, die uns zufriedener, ruhiger und ausgeglichener werden lassen, wir fühlen weniger Belastungen, machen uns etwas weniger Sorgen und fühlen uns freier. Wut, Zorn und Angst sind, wie alle heftigen Emotionen, eher schlechte Ratgeber. Es geht darum, sich von äußeren Einflüssen so zu schützen, dass wir uns in der Auseinandersetzung damit nicht auch noch selbst schädigen. Selbststeuerung und Selbstkontrolle sind auch hier gefragt mit einer Situation konstruktiv und selbstbewusst umgehen zu können, ohne dass wir gleich eine Verletzung, eine Bedrohung oder einen Angriff auf unsere Persönlichkeit oder unseren Selbstwert vermuten.

Prüfen Sie Ihren Alltag auf versteckte Fallen, welche Ihnen die Möglichkeiten zur gelassenen Reaktion verbauen und wo Sie sich auch selbst im Wege stehen auf der Straße zur Gelassenheit: In welchen Situationen spüren Sie Ihre Ungeduld? Glauben Sie ernsthaft an Ihre Fähigkeiten in Sachen Multitasking? Wie ausgeprägt ist Ihr Pflichtbewusstsein, ihr Harmoniebedürfnis? Fühlen Sie sich überlastet?

Üben Sie, die Dinge so zu nehmen wie sie sind; Sie auf Ihre Weise, die anderen sehen eben die Dinge anders. Wirklichkeiten und Wahrnehmungen sind subjektiv. Wechseln Sie ab und zu vom Spielfeld auf die Zuschauerbank. Gehen Sie auf Distanz zu sich selbst; wechseln Sie die Rolle vom engagierten, sich aufopferndem Spieler oder vom Schiedsrichter und schlüpfen Sie in die Rolle des aufmerksamen Beobachters. Denken Sie nicht so sehr: was passiert *mir* gerade? Fokussieren Sie im Gegenteil mehr die Situation und denken Sie besser: was passiert *hier* gerade?

Bei einem meiner spirituellen Lehrer hörte ich vor 40 Jahren in Hamburg bei einer Seminareinheit, in der es um ‚detachment‘ ging, den Satz: *Just realize and let it be.* Nehmen Sie sich etwas zurück, suchen Sie sich einen Platz mit mehr Überblick – auch im Kino ist die erste Reihe nicht unbedingt die beste…

Gruppendynamik

Der Mensch hat viele Bedürfnisse.
Das Geltungsbedürfnis steht ganz oben.
L. Schmidt

Diese Erfahrung kennen wir alle: Menschen verhalten sich in der Gruppe oft sehr und überraschend anders als in der Einzelbegegnung. Wir kennen dies aus der Kindheit, aus der Schul- und Jugendzeit, aus Sport- und Freizeitgruppen und selbstverständlich aus dem Berufsalltag. Führungskräfte gehen meist von einem individuellen, sehr rational gelenkten Verhalten aus und begegnen aber dauernd unterschiedlichsten Gruppenphänomenen, die zudem noch verunsichernd wirken. Im Umgang mit Gruppen haben wir zwar eine Art intuitives Gefühl dafür entwickelt, aber letztendlich sind es sehr individuelle und oft automatisierte Verhaltensmuster, die unsere Aktionen und Reaktionen leiten. Verhalten wird zwar als individuelle Aktion erlebt, wird aber ganz massiv durch die vorherrschenden Beziehungsstrukturen in der Gruppe geprägt. Es ist leicht nachvollziehbar, dass jemand im Schutz der Gruppe etwas ausspricht, was sonst nicht thematisiert würde und umgekehrt, dass jemand aus Angst vor der Gruppe etwas verschweigt, was unter vier Augen durchaus ausgesprochen worden wäre.

Seit Mayo und den berühmten Hawthorne-Experimenten und seit dem nicht minder bekannten Milgram-Experiment wissen wir auch wissenschaftlich gesichert, dass individuelles Verhalten nicht losgelöst von der personellen und materiellen Umgebung betrachtet und verstanden werden kann. Soziale Einflussfaktoren liefern häufig erst jene Erklärungen und Interpretationshilfen für das menschliche Verhalten, welche dieses als sinnvoll und verstehbar erscheinen lassen. Je nachdem, wie ein Mensch eine Situation erlebt, so wird er sich in dieser Situation verhalten. Der Psychologe Lewin, für den Wahrnehmung ein sehr aktives Geschehen darstellt, beschreibt diese Wirkungsweise als ‚soziales Kraftfeld'; dieses hat für jeden in unterschiedlichen Zeitpunkten ganz individuelle, subjektive Merkmale.

Wenn Personen mit Führungsverantwortung im Rahmen ihrer Ausbildungen sich auf Gruppenprozesse und mit ihren eigenen Reaktionen darauf eingelassen haben, dann sind sie in der Lage, Teamsituationen besser einzuschätzen und mit Unsicherheiten besser umzugehen. In gruppendynamischen Prozessen können Beziehungen gut reflektiert werden, eigene Verhaltensweisen analysiert und angepasst werden und ein bedeutender systemischer Organisationsberater, F.B. Simon, hält gruppendynamische Seminare für ein gutes Werkzeug, um die gefühlsmäßigen und intellektuellen Bedingungen für Soziale Kompetenz zu fördern.

Die Prozesse werden ja nicht nur erlebt, sondern auch unter fachkundiger Leitung besprochen und reflektiert. Diese Feedbackprozesse verlangen ein gewisses Maß an Vertrautheit, das sich langsam entwickelt; deshalb dauern derartige Seminare meist mehrere Tage (vgl. Team).

Von Lewin stammt auch der Satz: ‚Man versteht ein System erst, wenn man versucht, es zu ändern'. Veränderungsprozesse und starke Impulse von außen, die Veränderung verlangen sind heute Normalität und in vielfacher Weise versuchen Organisationen und die dafür Verantwortlichen Antworten zu finden auf diesen Veränderungsdruck. Diesem Veränderungsdruck positiv begegnen zu können, braucht es stabile Arbeitsfähigkeit, Problemlösekompetenzen und Kooperationsbereitschaft in Teams. Gruppendynamische Kompetenzen von Führungsverantwortlichen stärken die Arbeitsmotivation und Leistungsbereitschaft der Teams.

Harvard Verhandlungsstil

Mit nur einer Hand
lässt sich schwer ein Knoten knüpfen.
Redewendung aus der Mongolei

Die sogenannte gesellschaftliche (und wirtschaftliche) Realität, in der wir uns befinden, die uns umgibt, die wir uns geschaffen haben, ist – so können wir vereinfachend sagen – Ergebnis eines langen Prozesses von Verhandlungen. Meinungsverschiedenheiten, berechtigte oder angenommene Ansprüche auf Ressourcen oder Werte, Auseinandersetzungen um gesellschaftliche, religiöse und ideologische Orientierungen sowie Kämpfe um Anteile an gesellschaftlicher Teilhabe und wirtschaftlichem Wohlstand oder sozialer Sicherheit sind mit all ihren damit verbundenen Emotionen und Motiven, die unser Handeln bestimmen, die gestaltenden Kräfte in der Organisation unseres Zusammenlebens. Neben den gewalttätigen und kriegerischen Formen der Auseinandersetzung haben die Menschen immer auch friedliche und konstruktive Lösungen für ihre Konflikte zu finden. Eine große Herausforderung besteht bei derartigen Versuchen immer darin, einerseits die sachlichen, inhaltlichen Aspekte so korrekt wie möglich zu behandeln und andererseits die emotionalen und biografischen oder situativen Elemente der Beteiligten entsprechend zu berücksichtigen. Nun wissen wir aber, dass diese beiden Dimensionen kaum voneinander zu trennen sind und sich gegenseitig stark beeinflussen, denn die Bedeutung einer Sache ist wesentlich auch von den subjektiven oder situativen Faktoren mitbestimmt. Es gilt also eine Form der Auseinandersetzung in einer konflikthaften Situation zu finden, die diesen zentralen Anliegen gerecht wird und diese beiden Ebenen, Inhalte und davon Betroffene, in einer Weise verbindet und thematisiert, dass alle Beteiligten damit einverstanden sein können, ohne sich übervorteilt zu fühlen. Es gibt ja genug zu verhandeln in Politik, Wirtschaft und Gesellschaft; von den G 20 Treffen und Klimakonferenzen bis hin zu sozialpartnerschaftlichen Tarifverhandlungen oder gar familiären Gesprächsrunden über unterschiedliche Urlaubspläne. Ein in der politischen Verhandlungspraxis schon bewährtes und dauernd weiter entwickeltes Verhandlungskonzept stammt aus einem Forschungsprojekt der Harvard University mit dem Ziel, ein pragmatisch wirksames Verfahren zu finden, mit welchem Konflikte praxisgerecht und nachhaltig verhandelt bzw. geregelt werden konnten.

Die Harvard Verhandlungsstrategie trennt zunächst das, was zusammengehört – aber nicht, um etwas zu zerstören, sondern um diesem Aspekt eben gesondert Rechnung zu tragen: den menschlichen Bedürfnissen und Interessen hinter einer Sache oder hinter einem Problem. Wenn alle Beteiligten das Gefühl haben, ernst genommen zu werden mit Ihren Interessen, dann wirkt dieses Verfahren in der Tat ressourcensparend, emotionaler Aufwand und Zeit, Kosten und materielle Ressourcen können eingespart werden. Das Erfolgsrezept wird oft verkürzt mit dem Leitspruch *Hart in der Sache und weich zu den Menschen'* wiedergegeben; es geht dabei nicht um die harte unbeugsame Haltung, sondern um Klarheit und Konkretheit in den sachlichen Fragen. Diese Grundprinzipien prägen den Harvard-Stil:

- Entscheidend sind nicht die Positionen, sondern die Interessen und Anliegen der Beteiligten dahinter – diese sind herauszuarbeiten (evtl. mit Hilfe Dritter)
- Viele denkbare Lösungsoptionen mit Vorteilen für alle Beteiligten sind zu entwickeln; entschieden wird später.
- Nachvollziehbare, objektive und akzeptierte Entscheidungskriterien werden entwickelt und angewendet.

Humor

Den Spruch kennen Sie sicher, aber beachten Sie ihn auch in Ihrem Alltag? Mit Humor geht alles leichter! Oder: Nimm's mit Humor! Auch dann scheint es leichter zu akzeptieren zu sein. Wann haben Sie das letzte Mal Tränen gelacht? Schon länger her? Dann wird's Zeit...

Die sprachliche Wurzel liegt im Griechischen; in der Humoralmedizin des Hippokrates spielen Flüssigkeiten für die Gesundheit eine große Rolle und in der lateinischen Sprache bedeutet das Wort ebenso Feuchtigkeit, Flüssigkeit. Wenden wir diese Metapher konsequent an: so wie die Pflanze besser gedeiht, wenn sie regelmäßig und genug Wasser zur Nährstoffaufnahme zur Verfügung hat, so können wir den Alltag auch besser bewältigen, und leben gesünder, wenn wir täglich Humor in entsprechender Dosis ‚zu uns nehmen'; wir wissen ja: Lachen ist gesund! Und schon kommen die bekannten Einwände aus dem Hintergrund: Jaja, wenn alles nur so einfach wäre... und überhaupt: der Ernst des Lebens! Okay - dann halt Galgenhumor – aber auf jeden Fall: Humor! Humor überwindet Grenzen und macht frei; in den Worten von Christian Morgenstern: Humor ist die äußerste Freiheit des Geistes, wahrer Humor ist immer souverän.

Humor ist auf mehreren Ebenen wirksam: er wirkt emotional, kognitiv und kommunikativ. Spontaner emotionaler Ausdruck wird gefördert, Blockaden werden gelöst und er schafft Platz auch für sonst meist verdrängte Gefühle. Humor lädt ein zu einem Perspektivenwechsel, fördert und festigt Beziehungen und kann Widerstände abschwächen – er darf nur nicht auf Kosten anderer gehen. Auch gibt es interessante wissenschaftliche Ergebnisse über die entspannende und salutogene Wirkung: Wenn Boxer zum Lachen gebracht werden, dann erschlaffen ihre Muskeln derart, dass sie unfähig werden, auf einen Sandsack einzuschlagen. Humor und Lachen aktivieren das Immunsystem, schauen Sie sich lustige Filme an, wenn Sie mit Grippe im Bett liegen (die Adrenalinausschüttung ist verstärkt, die T-Lymphozyten im Blut steigen an, der Gasaustausch in den Lungen steigt auf das Drei- bis Vierfache). Man vertraut den Menschen mehr, die humorvoll reagieren und lächeln. Humorvolle Kinder zeichnen sich durch stabile soziale Beziehungen aus; Erwachsene mit Humor sind besser in der Lage, tragende Beziehungen auf der emotionalen Ebene aufzubauen.

Amerikanische Psychologen haben zudem nachgewiesen, dass Humor die kreativen Leistungen in Teams erheblich fördert (Journal of Personality an Social Psychology, 52 /6): Gruppen wurde eine anspruchsvolle Aufgabe zur Lösung vorgelegt. Jene Gruppen, die zuvor einen lustigen Film gesehen hatten, erbrachten deutlich bessere Lösungen als jene Gruppen, denen ein sachlicher Film vorgespielt wurde.

Humor und Lachen ist anregend, erweitert unser Denken und unsere Aufmerksamkeit, lenkt ab von eingrenzenden Denk- und Verhaltensmustern und kann festgefahrene Einstellungen und Erwartungshaltungen auf sanfte und ungefährliche Art verändern, indem bestimmte (logische wie moralische) Grenzen außer Kraft gesetzt werden, Machtverhältnisse auf den Kopf gestellt und damit neue Denkmuster angeregt werden. Für den Philosophen Walter Benjamin ist das Lachen überhaupt der Start des Denkens und G. Bernhard Shaw stellt diagnostisch treffend fest: *‚Wir brauchen mehr verrückte Leute; seht euch nur an, wohin uns die normalen gebracht haben!'*

Informationen

Wir ertrinken in Informationen,
aber wir hungern nach Wissen.
J. Naisbitt

Dieses Gefühl kenn Sie bestimmt: Einerseits haben Sie genug, ja fast zu viele Informationen über eine bestimmte Angelegenheit und gleichzeitig spüren Sie irgendwie, dass Ihnen möglicherweise wichtige Informationen fehlen. Wir leben in einer Zeit, in der Informationen leicht zugänglich, ständig präsent und wichtig für unsere Entscheidungen sind. Viele Beschreibungen charakterisieren aktuelle gesellschaftliche Trends; wir sprechen von der Freizeit- und Konsumgesellschaft und eben auch von der Informationsgesellschaft. Ein immer größer werdender Teil der Bevölkerung ist damit beschäftigt, Informationen zu beschaffen, zu sortieren und zu verteilen; viele Informationsberufe haben die Aufgabe, Informationen zu bewerten und aufzubereiten. Arbeitsmarkt und Wirtschaftswachstum werden zentral von bestimmten Informationen gelenkt; Produktion und Nutzung von Informationen stehen heute der von früher bekannten Güterproduktion und Güternutzung in der Bedeutung nicht nach. Ähnlich dem Waren- und Güterverkehr ist heute der Informationsverkehr, der Informationsfluss von Bedeutung. Dieser wird im Wesentlichen von Maschinen gestaltet und gelenkt – in einem bislang nie bekanntem Tempo und Umfang. Die neuen Informations- und Kommunikationstechnologien haben die bisher bekannten Kooperationsformen auf den Kopf gestellt und manche fürchten, dass dadurch neue Spaltungstendenzen in der Gesellschaft entstehen, wenn persönliche und soziale Beziehungen und Erfahrungen immer mehr in den Hintergrund treten und anonyme Informationsnetzwerke ersetzt werden. Wir erleben parallel zur viel diskutierten Demokratisierung des Wissens durch den einfacheren Zugang zu Informationen auch die wachsende und wegen Informationsmissbrauch durchaus legitimierbare Kontrolle. Wissen ist Macht – wer die unterschiedlichsten Informationen zu verknüpfen weiß, der produziert mit Informationen und Daten entsprechendes Wissen, und dieses kann instrumentalisiert und eingesetzt werden (die Diskussion über individuellen Datenschutz und öffentlichem Überwachungsinteresse – auch in betrieblichen Arealen – sei hier als Beispiel erwähnt).

Informationen und Daten werden dann besonders interessant, wenn ihnen eine spezielle Bedeutung zugeordnet wird. Logische Verknüpfungen mit anderen Informationen, bisherige Erfahrungen und erwartete Ereignisse können solche Interpretationsgrundlagen sein, mit denen wir Informationen deuten. Angenommen, es überholt Sie auf der Autobahn ein Sportwagen, reiht sich vor Ihrem Wagen ein, Sie werfen einen Blick auf das Kennzeichen und lesen dort die Buchstaben JB 007. Diese Zeichenfolge löst in Ihnen wahrscheinlich andere Reaktionen aus als die Zeichen WB 853. Situative Faktoren bedingen eine ganz bestimmte Interpretation von Daten und schaffen damit eigene Realitäten. 007 bewirkt bei Ihnen vielleicht ein Lächeln oder es motiviert Sie, ebenfalls kurz auf Gaspedal zu steigen – aber wie reagieren Sie auf die Information, dass im letzten Jahr die Mitarbeiterfluktuation in Ihrem Unternehmen um 30 Prozent gestiegen ist? Kommt Freude auf über die gestiegene Mobilität oder beginnen Sie darüber nachzudenken, ob etwas ‚irgendwie' nicht stimmt im Betrieb? Beginnen Sie, Daten und daraus abgeleitete Informationen zu trennen und schaffen Sie sich durch offene Feedbackprozesse im Team eine Grundlage für eine angemessen gefilterte Wirkung von Informationen.

Initiative

Steigst Du nicht auf die Berge,
siehst Du auch nicht in die Ferne.
aus China

Das Schwierige am Anfang ist, dass es der Anfang ist – ein wahres Wort, ein kluger Satz, zutreffend für fast alle Situationen, in welchen etwas ‚Neues' beginnen soll, in welchen Menschen die Initiative ergreifen und eine Sache, ein Thema oder ein Anliegen in den Vordergrund stellen. In der lateinischen Sprache bedeutet *initium* Anfang und Beginn; aus der Schulzeit kennen Sie vielleicht auch den über die Maßen strapazierten Satz: ‚Aller Anfang ist schwer'. Das Augenmerk sei hier nicht auf die Politik oder auf den Sozialbereich gerichtet, wo überparteiliche Initiativen, Bürgerinitiativen oder Soziale Initiativen gesellschaftliche Entwicklungen mitgestalten wollen, sondern auf jene Menschen und MitarbeiterInnen, welche Engagement zeigen und sich proaktiv in das betriebliche Alltagsgeschehen einbringen; eben auf jene, die initiativ werden.

Überall braucht es Menschen mit Ideen und einigen Plänen, die geeignet sind, dass aus Möglichkeiten Wirklichkeiten werden können. Menschen, die etwas erfinden, die ein Unternehmen gründen, die etwas verbessern wollen, die jemanden kennen lernen wollen – es braucht immer eine Entscheidung für ein Handeln, das einen Anfang bedeutet, selbst beim ersten Date.

Sie hatten vielleicht schon so genannte Initiativbewerbungen auf dem Schreibtisch. Wie sind Sie damit umgegangen? Was haben Sie mit dieser Bewerbung gemacht? Gar nicht beachtet oder höflich geantwortet, dass derzeit.... Und dass Sie sich melden werden, wenn...? Lesen Sie derartige Bewerbungen genau durch

---

und laden Sie interessante Menschen auch zu einem persönlichen Gespräch, wenn Sie aktuell keinen Personalbedarf haben. Viele Erfolgsgeschichten gründen in einer (unerwarteten und überraschenden) Initiative, zum Beispiel die Bewerbung auf die Anzeige ‚Gesucht wird die rechte Hand des Chefs‘. Das Bewerbungsschreiben bestand aus einer Kopie der rechten Hand des Bewerbers und dem lapidaren Text: ‚Hier ist Ihre rechte Hand‘. Die Initiative zu ergreifen bedeutet, ein Startsignal zu geben, einen Anfangspunkt für etwas zu setzen, sich einzubringen, sich zu engagieren. Dieses Verhalten braucht aber auch einen entsprechenden Raum, der Mut macht, einen Raum, in welchem auch Fehler als Lernchancen begriffen werden. Viele Räume, in denen Initiativen gewollt und gewünscht wären, sind von Angst vor dem Scheitern oder von Versagensängsten vor der Gruppe geprägt und damit werden Initiativen schon im Keim erstickt. Sie selbst als Führungskraft haben die Verantwortung für ziel- und ergebnisorientierte Initiativen. Sie bringen Vorgaben oder Vorschläge ein und laden dazu ein, zu bestimmten Aufgaben, Problemen und Herausforderungen initiativ zu werden. Viel wird von innovationsfreundlichem Klima gesprochen, schaffen Sie in Ihrem Bereich, in Ihrer Abteilung auch ein initiativenfreundliches Klima, in welchem die MitarbeiterInnen immer wieder etwas ‚anfangen‘ können, ohne gleich mit einem ‚Ende‘ konfrontiert zu werden. Schaffen Sie ein Klima (und das ist nicht schwer, Sie müssen es nur zulassen), in dem Initiative und Kreativität Hand in Hand gehen. Vorsicht: Initiative heißt nicht, dass jeglicher Aktionismus Vorrang hat. Es war eine sehr beeindruckende Erfahrung bei einem Führungstraining, als bei einer Übung mit vielen Kommentaren aller Teammitglieder jene beiden Teilnehmer als erste begonnen haben zu schweigen (und damit die Initiative für Ruhe übernommen haben), die im Laufe der Trainingswoche enormes Führungspotenzial gezeigt haben.

Karriere

Es gibt zwei Karrierewege:
Entweder man leistet etwas, oder man behauptet, etwas zu leisten.
Ich rate zur ersten Methode,
denn da gibt es weniger Konkurrenz.
D. Kaye

Haben Sie vor, Karriere zu machen? Oder Sie haben bereits Karriere gemacht? Erlauben Sie die einfache Frage: Was haben Sie *gemacht*, als Sie Karriere gemacht haben? Was werden Sie machen, um Karriere zu *machen*?

Viele Menschen haben das Ziel, Karriere zu machen; sie opfern viel Freizeit, absolvieren Studiengänge und berufsspezifische Aus- und Weiterbildungen, um beruflich aufzusteigen. In letzter Zeit ist aber ein Wandel in den Karriereorientierungen festzustellen, viele Studien belegen, dass nicht ausschließlich die lineare Aufstiegsorientierung im Vordergrund steht, sondern neue Karrieretypen sich entwickelt haben. Viele Menschen weisen Aufstiegsangebote zurück mit der Begründung, sich nicht allzu sehr binden zu wollen, mehr Freiraum zum Probieren und Experimentieren haben zu wollen und Reste von Autonomie und Selbstbestimmung nicht aufgeben zu wollen. Diese Wünsche und Ziele sind auch für das Unternehmen als Organisation eine Herausforderung, weil auch diese Einstellungen und Haltungen integriert werden müssen.

Es scheint Verschiebungen zu geben auf der Werteebene; schneller Aufstieg, mehr Verantwortung, höheres Einkommen, weniger Freizeit sind nicht unbedingt *das* erstrebenswerte Ziel von AbsolventInnen verschiedenster Bildungseinrichtungen; klassische Karriereverläufe werden auch wegen sich rasch verändernden Bedingungen am Arbeitsmarkt seltener. Unzählige Ratgeber bieten Rezepturen an, um über eine entsprechende Karriere früh zu Reichtum, Status und Macht zu gelangen. Henry Ford hat die Basis für eine erfolgreiche Karriere einfach darin gesehen, dass man genau jene Fähigkeiten und Qualifikationen besitzt, welche aktuell nachgefragt sind.

Karriere macht man nicht alleine; Karriere macht man in einem bestimmten Umfeld, in einer bestimmten materiellen und personellen Umwelt. Was früher Lebenslauf oder Biografie hieß, wird heute Karriere genannt. Das Wort bedeutete ursprünglich (aus der französischen Sprache kommend) nichts anderes als *Rennbahn* – also herzlich willkommen in der Wettbewerbsgesellschaft; Karriere machen wir nie allein für uns, Karriere machen wir also immer auch gegen andere.

Der Begriff ist alltäglich und sehr präsent, allerdings gibt es dazu im Vergleich zu ähnlich präsenten Begriffen (wie zum Beispiel Bildung, Ungleichheit oder Management) wenig wissenschaftliche Literatur und Reflexion. Interessant ist die feststellbare Ausdehnung des Begriffs in der Verwendung, die nicht nur die positive Richtung beschreibt, sondern auch den Abstieg beinhaltet: die Medien sprechen von Krankheitskarrieren, von Drogenkarrieren, von kriminellen Karrieren. Karrieren beschreiben also auch einen simplen Verlauf, eine Aneinanderreihung oder Verknüpfung bestimmter Ereignisse. Karrieretrainings schaffen spezifische Voraussetzungen, welche die Wahrscheinlichkeit von kausalen Verknüpfungen in Richtung Berufserfolg erhöhen. Karrierefördernde Trainings sind keine Anpassungslager an die wirtschaftliche Verwertungsmaschinerie, keine Druckgussmaschinen für die formbaren Persönlichkeitsaspekte; sie schaffen Raum für die Reflexion eigener Erfahrungen und ermöglichen eine Überprüfung, ob die eigenen Lebensziele karrierekompatibel sind. Karrieren sind nie Selbstzweck – sie dienen dem Lebensziel.

Kommunikation

Die häufigste Kommunikationsform,
ist das Missverständnis.
Q.-S.

Auch das, was Sie / wir gerade tun, gehört zur Kommunikation. Klassische Einweg-Kommunikation: Sie lesen das, was ich geschrieben habe und Sie haben wenig Möglichkeit, mir direkt Feedback zu geben. Ich erfahre nicht, was Sie denken, welche Meinung Sie aus Ihrer Erfahrung zu den einzelnen Themen haben. Die Axiome der Kommunikation von Paul Watzlawick sind bekannt, vor allem dieses: *Man kann nicht nicht kommunizieren.* Alles, was Sie tun oder nicht tun, alles was Sie sagen oder nicht sagen, wie Sie etwas sagen, wie Sie sich verhalten, hat eine Wirkung. Unser verbales und körpersprachliches Verhalten bewirkt etwas in uns und in anderen; wir kommunizieren immer mit uns selbst und mit den Menschen um uns und beeinflussen und gestalten damit Welten; unsere eigene und die der anderen. In der Toolbox Kommunikation stehen viele Werkzeuge zur Verfügung; meist vertrauen wir auf jene Hilfsmittel zur Beziehungsgestaltung, die wir im Laufe unserer Sozialisation zufällig durch die Eltern, in der Schule, im Freundeskreis, von KollegInnen usw. gelernt haben. Wir wenden die Sprache an, so wie wir gewohnt sind, mit sprachlichen Werkzeugen umzugehen und wundern uns dann, wenn wir nicht die Wirkung erzielen, die wir uns wünschen. Kommunikation folgt bestimmten Regeln und Gesetzmäßigkeiten, die wir kennen sollten so wie die Vorrangregeln im Verkehr oder dass eine rote Ampel eben bedeutet, dass anzuhalten ist. Im kommunikativen Alltag überfahren wir gleichsam viele rote Ampeln und sind dann darüber erstaunt, dass wir als Folge davon uns mitten in einem Konflikt befinden.

Alle Lehrbücher über erfolgreiche und wirksame Kommunikation lassen sich in ein einfaches Prinzip zusammenführen: ich nenne es das LÖWE-Prinzip der Kommunikation. *Lösungsorientierung* und *WErtschätzung* sind die beiden Zutaten für eine Kommunikation, die es ermöglicht, unsere eigenen Wünsche und Bedürfnisse, unsere Anliegen und Vorgaben den Mitmenschen und MitarbeiterInnen so mitzuteilen, dass diese die Inhalte der Gespräche interessiert verfolgen und aufnehmen können und auf der Gefühlsebene keine Störungen durch erlebte oder vermutete Angriffe auf den Selbstwert vorkommen. Die wichtigsten Aspekte der Lösungsorientierung sind eigens beschrieben, wertschätzende Haltung gründet in einem entsprechenden Menschenbild. So wie wir über einen Menschen denken, so behandeln wir ihn, so verhalten wir uns ihm gegenüber. Wir sind gefordert, unsere Einstellungen gegenüber anderen immer wieder neu zu justieren, wir haben es ja auch immer wieder mit neuen Menschen zu tun. Bisherige Strategien sind nicht immer hilfreich für neue Situationen und Menschen; eine wohlwollende Haltung erleichtert die Kooperation und Klarheit im Ausdruck auf der sachlichen Ebene wie auf der Erlebensebene engt die störenden und verunsichernden Interpretationsspielräume ein. Viele Menschen haben Angst vor einer klaren und verbindlichen Sprache und versuchen, unangenehme Aspekte zu umschreiben. Denken Sie daran, eine verbindliche Sprache schafft immer auch Verbindung. Sie haben sicher auch die Erfahrung gemacht, dass es sich angenehm anfühlt, wenn man nach einem Gespräch weiß, woran man ist, wenn jemand, wie es so schön heißt, *Klartext* redet. Kommunizieren und Entscheiden sind zentrale Führungsaufgaben. Kommunikation hat das Ziel, Klarheit zu schaffen. Also: Eure Rede sei Ja, Ja und Nein, Nein - und: Was meinen Sie dazu?

Konflikt

Lieber reden, reden, reden-
als schießen, schießen, schießen...
S. Peres

Was ist das? Keiner will ihn haben, aber jeder hat einen in irgendeiner Form? Richtig: ein Konflikt. Konflikte sind ganz normal, sie sind selbstverständlich, menschlich, alltäglich – und ein Motor für Entwicklung und Veränderungen. Konflikte stören, belasten uns und es ist einleuchtend, dass wir sie nicht haben wollen – dabei haben nicht wir den Konflikt, sondern der Konflikt hat uns. Konflikte haben uns fest im Griff, bestimmen unser Leben, unseren Alltag – privat wie beruflich.

Wir erleben Konflikte als zerstörerisch, als Unterbrechung der Handlungsroutinen, als zeitraubend und belastend. Dabei – ich wiederhole diese wichtige Aussage – ist nicht der Konflikt das Problem, sondern die Art und Weise, wie wir damit umgehen. Denken Sie kurz darüber nach, wie Sie Konflikte in der Kindheit erlebt haben, wie in der Familie mit Konfliktsituationen umgegangen wurde, wie wurden Konflikte bearbeitet oder gelöst? Wurden durch Konfliktsituationen Gespräche gefördert oder erinnern Sie sich eher an das Gegenteil, dass Konflikte das gemeinsame Gespräch unmöglich machten und oft viel Zeit vergehen musste, dass wieder miteinander gesprochen wurde?

Tatsache ist, dass unser eigenes Konfliktverhalten von frühen Erfahrungen wesentlich geprägt wird. Deswegen ist es so wichtig und notwendig, andere Erfahrungen zu machen, dass Konflikte sehr konstruktiv und produktiv bearbeitet werden können (zum Beispiel bei Konflikttrainings oder in Mediationsverfahren). Im Alltag sind Konflikte nicht nur emotional und mental sehr belastend, sondern sie wirken sich auch kostenmäßig enorm aus. Verschiedenste internationale Beratungsfirmen (zum Beispiel KPMG) haben in Konfliktkostenstudien nachgewiesen, dass unbearbeitete Konflikte und deren Folgen sehr hohe Kosten verursachen können. Schon vor einem Jahrzehnt kam die Österreichische Wirtschaftskammer in einer Studie zu dem Ergebnis, dass innerhalb kleiner und mittelgroßer Unternehmen die Konfliktkosten bis zu 19 Prozent der Gesamtkosten ausmachen. In KPMG-Studien ist nachzulesen, dass Führungskräfte oft bis zu 50 Prozent ihrer wöchentlichen Arbeitszeit für die Bewältigung von Konflikten, deren Folgen und damit verbundenen Reibungsverlusten aufbringen müssen. Als dringendste Empfehlung wird die Bearbeitung aktueller Konflikte angeführt. Die Entwicklung der Konfliktkompetenz von Führungskräften ist ein dringendes Anliegen, denn die Konfliktquellen werden nicht weniger. Viele aus der Alltagserfahrung heraus entwickelten Denk- und Verhaltensmuster, die wir unbewusst anwenden, sind konfliktfördernd; unsere Wahrnehmung und unsere Selbstreflexion müssen trainiert werden, um diese Fallen zu erkennen und unser Verhalten präventiv zu lenken. Bearbeiten Sie Konflikte rechtzeitig, damit sie keine negativen Wirkungen zeigen oder gar unter der Oberfläche ihre zerstörerische Kraft entfalten. Unbearbeitete Konflikte binden viel Energie; diese Ressourcen stehen für produktive Arbeit nicht zur Verfügung. Konflikte stehen in engem Zusammenhang mit der betrieblichen Kommunikationskultur. Empfängerorientiertes Kommunikationsverhalten reduziert die Konfliktwahrscheinlichkeit sehr. Achten Sie mehr darauf, wie KollegInnen eine Botschaft aufnehmen sollen und besser verstehen können. Beschreiben Sie mehr, bewerten Sie weniger. Formulieren Sie das, was Ihnen wichtig ist, auch in entsprechenden Ich-Aussagen. Dann kann das WIR als Brücke vom ICH zum DU stabil und belastbar konstruiert werden.

Kontrolle

Wenn sie glauben, alles unter Kontrolle zu haben,
fahren sie noch nicht schnell genug.
M. Andretti

Haben Sie manchmal das Gefühl, dass Sie alles unter Kontrolle haben? Oder haben wollen? Kennen Sie das Gefühl, kaum etwas unter Kontrolle zu haben? Wie gut haben Sie sich selbst unter Kontrolle? Sie kennen Polizeikontrollen und Qualitätskontrollen; Sie haben zu tun mit Kontrollen über Prozesse, mit Indikatoren und Kennzahlen zur Steuerung; vielleicht haben Sie selbst Spezialkenntnisse im Controlling. Machen Sie sich kurz frei von diesem technischen Verständnis, lenken Sie die Aufmerksamkeit auf die Aspekte der Selbstkontrolle in ihrem beruflichen Alltag, bei Ihnen selbst wie bei Ihren MitarbeiterInnen.

Was haben wir schon unter Kontrolle? Das Wetter? Die Börsenkurse? Die Stimmung von KollegInnen? Kaum; es genügt uns ja schon, wenn wir das Gefühl haben, ein klein wenig Einfluss darauf zu haben – und tatsächlich haben wir das durch unser Verhalten. Sonnenbrille oder Regenschirm, kaufen oder verkaufen, ruhig bleiben und deeskalierend intervenieren.

Der Management-Guru Peter Drucker hat behauptet: Führen kann nur, wer sich selbst führen kann. Führung und Selbstmanagement, Führung und Selbstführung, Führung als Selbstkontrolle. Nehmen Sie sich die Zeit, darüber nachzudenken, inwiefern Sie sich selbst kontrollieren, in welchen Bereichen Sie gerne andere kontrollieren und wie Sie diese Kontrolle jeweils ausüben. Wie verhalten Sie sich, wenn Sie sich kontrollierend verhalten? Wie erleben Sie sich selbst dabei? Wie erleben andere Menschen Sie als kontrollierende Person? Kontrolle und Überwachung und die dabei entstehenden Gefühle sind nicht zu trennen; denken Sie nur an die im öffentlichen Raum immer präsentere Videoüberwachung.

Es gibt eine Form der Kontrolle, die nicht zwingend mit Angst und Rückzug oder einem anderen ‚schlechten' Gefühl zu tun hat, das ist die Art und Weise, mit der ein Geschehen, ein Prozess begleitet wird: achtsam und aufmerksam. Wenn Führungsverantwortliche Kontrollfunktionen ausüben, dann sollten die MitarbeiterInnen dies in einer bestimmten Form der Interaktion, der Zuwendung erfahren; im Sinne einer unterstützenden, motivierenden und evaluativen Haltung. Dies gilt dann aber auch für die Selbstkontrolle: auch hier nicht über eine bewusst verstärkte Verhaltens- und Gefühlskontrolle sich seiner spontanen und originären Ausdrucksmöglichkeiten berauben im Sinne von 'Ich habe mich unter Kontrolle', sondern im Sinne einer Reflexion über die Konsequenzen des eigenen Verhaltens, im Sinne einer Evaluation der Wirkungen des eigenen Tuns. Sich selbst oder eine Situation unter Kontrolle zu haben bedeutet damit also, die Wirkungen von Worten und Handlungen antizipieren zu können, sich der Folgen vorweg bewusst zu sein und sich dann zu entscheiden, welchen Weg, welche Worte, welche Handlungen man wählt. Kontrolle ist immer in Verbindung mit Zielen, Vorgaben, Plänen und Absichten zu sehen. Gewohnheiten, alte Gedanken- und Verhaltensmuster sowie uns stark berührende Emotionen unterlaufen sehr häufig unsere Selbstkontrolle. Roy Baumeister, ein Sozialpsychologe der Florida State University vergleicht die Selbstkontrollfunktion mit einer Muskelfunktion: wie der Muskel durch körperliche Anstrengung ermüdet, so braucht auch die Ressource Selbstkontrolle entsprechende regenerative Phasen durch Entspannung, Erholung und Schlaf. Selbstkontrolle ist ein wesentlicher Erfolgsfaktor: Intelligenz beschreibt das grundsätzliche Potenzial; die Selbstkontrolle ermöglicht dessen Nutzung.

Konzentration

Wer zwei Hasen jagt,
fängt keinen.
aus Ungarn

Wenn Sie konzentrische Kreise betrachten, dann wird das Auge gleichsam über die Kreise mit unterschiedlichen Durchmessern in das Zentrum, in den gemeinsamen Mittelpunkt geführt. Ein zentraler Punkt, eine wichtige Angelegenheit bindet unsere Aufmerksamkeit und bündelt unsere Energien. Wer sich konzentrieren kann, der ignoriert Ablenkungen, kann störende Reize und irritierende Informationen ausblenden.

Die Fähigkeit, sich zu konzentrieren, kann und muss erlernt werden; von den zehn bis fünfzehn Minuten im Kindes- und Schulalter kann diese Zeitspanne hoher Konzentration beim Erwachsenen bis zu neunzig Minuten dauern, dann sind allerdings die Kraftreserven erschöpft; Konzentration braucht viel Energie. Berufliche und private Dauerbelastungen, emotionale Probleme, ständige Unterbrechungen (wie Telefonate) oder akustische und visuelle Reize aus der Umgebung blockieren die Fähigkeit sich zu konzentrieren. Wie schaffen wir es, dass die wichtigen Tagesagenden auch tatsächlich konzentriert bearbeitet werden können? Dass wir einer Sache über einen gewissen Zeitraum ungeteilte und volle Aufmerksamkeit widmen können? Auch hier gilt: Übung macht den Meister – und wir müssen die Umgebung auch konzentrationsfördernd gestalten. Psychologen sind sich über die willentliche Steuerbarkeit der Konzentration nicht ganz einig, einige beschreiben Konzentration als besonderen Aktivierungszustand, der willentlich gelenkt werden kann, wir kennen aber auch alle die Situation, in der wir uns konzentrieren wollen und alle möglichen Gedanken schießen uns durch den Kopf. Kinder können sich ganz in ein Spiel vertiefen, ohne die Umgebung wahrzunehmen, sie vergessen alles um sich herum und auch wir haben manchmal das Gefühl, dass die Zeit wie im Flug vergangen ist, wenn wir wieder auf die Uhr schauen.

Verschiedenste individuelle Faktoren (Alter, Emotionen, Motivation) und situative Faktoren (Umgebung, Lärm, Hitze) beeinflussen diese Fähigkeit; auch die ständig ansprechbare Führungskraft setzt sich permanent möglichen Unterbrechungen aus. ‚Management by open doors' ist vielleicht nicht das beste Rezept, wenn Sie zwischendurch konzentriert arbeiten wollen. Schaffen Sie sich lieber eine so genannte ‚*Stille Stunde*' am Tag, in welcher das Telefon stumm bleibt, keine Türe geöffnet wird und Sie Zeit für sich und das Wesentliche haben.

Konzentriertes Arbeiten wirkt ermüdend und wird als anstrengend erlebt; unser Gehirn braucht vor allem Sauerstoff, einen ausgeglichenen Flüssigkeitshaushalt und Glucose. Ein gut gelüfteter Arbeitsraum, eine Flasche Wasser (keine gezuckerte Limonade) und Obst (Äpfel, Weintrauben, Bananen) oder Gemüse sind die besten Tankstellen für konzentriertes Arbeiten. Unser Körper verarbeitet nur Einfachzucker (Glucose), Schokolade und Süßigkeiten schaden letztendlich der Konzentrationsfähigkeit. Bewusste Pausen zwischendurch und körperliche Bewegung mit entsprechender Ankurbelung der Sauerstoffzufuhr unterstützen die Konzentration. Wenn wir diese trainieren wollen, dann vor allem dadurch, dass wir Ruhe schaffen und diese gut aushalten lernen. Das Training besteht vor allem darin, sich von Umweltreizen (akustisch und visuell) zu lösen und auch die inneren Ablenkungen (belastende Gefühle und Gedanken) abzustellen. Innere Gelassenheit und Ruhe sind beste Voraussetzungen für gesteigerte Konzentrationsfähigkeit; einfache Entspannungs- und Meditationsübungen sind eine große Hilfe.

Kooperation

Zusammen kommen ist ein Beginn,
zusammen bleiben ist ein Fortschritt-
zusammen arbeiten ist Erfolg!
H. Ford

Selten gibt es noch Aufgaben für Einzelne und Spezialisten; immer mehr wird die Teamarbeit und die Zusammenarbeit in Gruppen zur betrieblichen und wirtschaftlichen Realität. Diese Form der Arbeitsorganisation erfordert auch entsprechende Antworten im Führungsalltag; erfolgreiche und produktive Zusammenarbeit im Team (siehe dort) verlangt von den Führungskräften sozial- und gruppenpsychologische Kenntnisse und Kompetenzen – eine banale Konsequenz aus der Tatsache, dass der Mensch ein soziales Wesen ist.

Immer wieder wird in Fachzeitschriften argumentiert, dass wir eigentlich immer noch Einzelkämpfer und Einzelleistungen belohnen, obwohl im Hintergrund meist ein engagiertes Team steht, welches diese Leistung erst ermöglicht. Der wissenschaftliche Beweis, dass die Gruppe generell leistungsfähiger ist, steht auch noch aus – das ist aber einfach zu erklären, denn Gruppen kooperieren eben nur dann auf hohem Leistungsniveau, wenn das soziale Klima stimmt, wenn die Beziehungen gut gelingen. Diese Erkenntnis ist seit den bekannten Hawthorne-Experimenten immer wieder bestätigt worden und belegt die Notwendigkeit, vor der gelingenden Kooperation zwischen Menschen eben jene Bedingungen zu schaffen, die eine erfolgreiche Zusammenarbeit ermöglichen. Dies ist und bleibt als zentrale Aufgabe im Kompetenzbereich der ‚social sensibility'. Trotz zunehmender Individualisierung und steigender Autonomie und des vermehrten Appells an die Eigenverantwortung in allen gesellschaftlichen Bereichen sind heute die komplexen Aufgaben in hochgradig arbeitsteilig organisierten Unternehmen nur in Zusammenarbeit mit verschiedensten Experten zu lösen und es braucht die Bereitschaft, sich auf andere Menschen und auf die damit verbundenen Gruppenprozesse einzulassen.

Kooperation kann eine Art Zustandsbeschreibung sein, als kooperative Atmosphäre innerhalb einer Gruppe oder einer Abteilung. Kooperation kann aber auch eine grundsätzliche Haltung sein, die das Handeln und die Beziehungen im Unternehmen charakterisiert, von Führungsverantwortlichen zu MitarbeiterInnen, zwischen MitarbeiterInnen, zwischen Abteilungen oder Konzernfilialen.

Wenn Menschen miteinander ein (vorgegebenes) Ziel erreichen und in der Gruppe oder im Team kooperieren sollen, dann sind wir immer mit den in der Psychologie so genannten ‚Basisvariablen' des menschlichen Verhaltens konfrontiert, diese sind:

- das Revierverhalten (Terrain verteidigen)

- der Wunsch, dazu zu gehören (soziale Nähe)

- das Konkurrenzverhalten (besser zu sein)

Im Wissen und in der Verantwortung um gute Voraussetzungen für gelingende Kooperation beachten Führungsverantwortliche diese Gesetzmäßigkeiten und schafft einen Raum, in dem die Gruppen- und Teammitglieder respektvoll miteinander umgehen lernen und gegenseitig die individuellen Grenzen achten. Ein solcher Raum bietet genug Möglichkeiten für den sozialen Austausch, für die Beziehungsgestaltung. Ein Motto der Gruppendynamik lautet: *Kontakt kommt vor Kommunikation und Kooperation*. Je intensiver der Zusammenhalt in einer Gruppe von den Mitgliedern erlebt wird, desto stärker wird das individuelle Leistungsstreben und damit auch das gemeinsame Ergebnis.

Kreativität

Geist kämpft nicht.
Er spielt im Sandkasten.
Das Mögliche ist notwendiger als das Wirkliche.
H. Kudszus

In der Politik, in der Wirtschaft, allgemein in der Gesellschaft wird zur Lösung anstehender Probleme an die Kreativität appelliert. Kreative Geister sind überall gefragt und willkommen, wenn es darum geht, Ideen zu entwickeln, neue Zugänge zu bekannten Phänomenen zu schaffen. Es gibt Seminare und Schulungen, in denen Kreativitätstechniken vermittelt werden – nicht aus jedem Menschen wird nach einem Seminarbesuch ein phantasievolles Kreativitätsgenie. Viele Methoden erhöhen jedoch nachweislich die Zahl neuer Ideen und auch die Qualität dieser (gemessen an den Lösungen). Phantasie und freie Assoziationen sind wichtige Voraussetzungen für diese ‚spielerische' Aufgabe, bisher nicht Gedachtes neu miteinander zu verbinden, bisherige Kenntnisse auf neue Probleme zu übertragen, im wahrsten Sinne des Wortes etwas zu kreieren, etwas Neues zu schaffen, etwas zu gebären, etwas als Schöpfung hervorzubringen: *creare* bedeutet in der lateinischen Sprache: erschaffen, erzeugen, gebären. Beobachten Sie Kinder, erinnern Sie sich an die eigene Kindheit: die Phantasie kannte kaum Grenzen, alles war irgendwie möglich. Erfahrungen, kanonisierte Wissensbestände, Konzentration auf das vorwiegend Funktionale scheinen die kreativen Fähigkeiten begrenzt zu haben. Rein rationale Denkprozesse sind kaum in der Lage jene Ergebnisse zu produzieren, welche durch die unbewussten, nonverbalen, assoziativen Vorgänge und vermehrte Aktivität der rechten Gehirnhälfte möglich werden. Logik, Zahlen und Sprache sind in unserer Kultur dominant; gestellte Aufgaben sind hauptsächlich *richtig* zu lösen. Mathematik, Deutsch, Physik, Englisch sind Hauptfächer; Musik und Tanz, Zeichnen, Malen, Werken, Schauspiel – dafür bleibt kaum Zeit. Viele Menschen halten sich darum für wenig kreativ, weil sie kaum kreativen Freiraum in der schulischen Sozialisation erlebt haben.

Kreative Denkprozesse laufen oft in einem bestimmten Bewusstseinszustand ab; kreative Menschen erleben ihren Schaffensprozess oft als eine Art Trance. Ernsthafte Kreativitätsforschung gibt es seit ca. 70 Jahren; Auslöser waren u.a. verschiedene gesamtgesellschaftliche Probleme, soziale Probleme, Bevölkerungsexplosion und Welthunger, militärische Bedrohungen, Umweltprobleme und Katastrophen; kreative Lösungsansätze waren überall gefragt und heute wird ein ganzer Wirtschaftszweig als ‚Kreativbranche' bezeichnet. Forscher, die sich intensiv mit dem Thema beschäftigen, bestätigen, dass wir alle die Anlage zur Kreativität haben und wir es uns im Laufe der Zeit abgewöhnt haben, sehr kreativ zu sein. Als Fähigkeit kann Kreativität ebenso gelernt, geübt und trainiert werden wie alles andere. Kreativität ist heute überall dort notwendig, wo es darum geht, neue Wege zu finden, neue Lösungen zu entwickeln: in der Produktentwicklung oder bei organisationalen Neuerungen, bei technologischen und sozialen Herausforderungen. Kreativität braucht verschiedene Voraussetzungen; ein ausgeprägtes Durchhaltevermögen und Selbstvertrauen gehören dazu. Viele erfolgreiche kreative Menschen haben lange gebraucht, bis eine Idee sich durchgesetzt hat. Kreativität braucht zudem eine flexible und angstfreie Atmosphäre; Ungewöhnliches und Unsinniges hat Platz. Denken in Bildern hilft, sich die verschiedensten Realitäten auszumalen und ermutigt uns, gewohnte Denkbahnen zu verlassen. Kreativität fängt da an, wo der Verstand das Denken nicht behindert...

Kunden

Die Beziehung zu Ihren Kunden sollte Ihnen genauso wichtig sein wie die Qualität des Wassers, das Sie trinken oder der Luft, die Sie atmen. In den meisten Branchen hat der Satz Gültigkeit: Alles, was Sie tun, tun Sie letztendlich für den Kunden. Gibt es keine Kunden, dann gibt es das Unternehmen auch nicht.

Lassen wir einmal die Fachbegriffe weg, verzichten wir hier auf Schubladen wie Produktmarketing oder Verbrauchermarketing; stellen Sie sich vor, Sie machen dieselbe Erfahrung, wie ich sie gemacht habe im Alter von etwa neun Jahren: Von der nächsten Kleinstadt wurde meinen Eltern ein Kühlschrank geliefert von einem jungen Unternehmerpaar, das ein Elektrogeschäft aufgebaut hatte. Es war Sommer, die beiden kamen so gegen 21 Uhr und haben in bester Laune und Freundlichkeit das Gerät angeschlossen. Bis zur Pensionierung der beiden war ich selbst viele Jahrzehnte Kunde in diesem Geschäft; ich fuhr viele Kilometer extra, ließ mich von Supermarktangeboten nicht locken, Service, Engagement und Kundenorientierung dieses Elektrounternehmens waren beeindruckend.

In Wirtschaftsmagazinen wird die Kundenbindung oft wichtiger dargestellt als die Preisgestaltung und Kundenbindungssysteme und deren Wirkungen sind Gegenstand widersprüchlicher Diskussionen. Wie viele Kundenkarten tragen Sie mit sich herum?

Eines ist unbestritten und wird durch zahlreiche Studien immer wieder bestätigt: es kostet ein Vielfaches, einen neuen Kunden zu gewinnen, wenn ein Kunde verloren geht. Die Angaben schwanken von Branche zu Branche, aber der Minimalsatz bei den Studien liegt beim Fünffachen; manche Studien gehen bis zum Fünfzehnfachen der Kosten, die anfallen, wenn ein Neukunde bei Kundenverlust geworben werden soll.

Die Münchner Beratungsfirma R. Berger definiert die Kundenbindung als wichtigsten Erfolgsfaktor, wichtiger als Produktqualität, Preisniveau oder Bekanntheitsgrad der Marke. Auch hier sind wieder grundsätzliche Überlegungen entscheidend; die allgemein gültige Aussage aus der Kommunikationspsychologie, dass der Beziehungsaspekt den Inhaltsaspekt überlagert, trifft auch hier zu. Wenn im Kundenbindungsprogramm der emotionale Faktor nicht vorhanden ist, nicht erlebt werden kann, dann ist die Wirksamkeit sehr begrenzt. Ein zufriedener Kunde – und Zufriedenheit ist ein Gefühl – ist immer wieder Kunde und macht Werbung, die keine Kosten verursacht.

Personalisiertes Marketing, Beziehungsmarketing, psychografisches Profiling – heute stehen Unmengen von Daten zur Analyse und Verbesserung der Kundenbeziehungen zur Verfügung. Es darf aber nicht der Fehler gemacht werden – wie in jeder partnerschaftlichen Beziehung auch, dass die wertschätzende Kommunikation vernachlässigt wird und der ‚andere‘, in diesem Fall der Kunde, sich nicht ernst genommen fühlt. Der Unternehmensleiter eines international erfolgreichen Schmuckhandels mit über 2000 Geschäften weltweit unterschätzte bei einer Rede am ‚Institute of Directors‘ die Wirkung einer witzig gemeinten Bemerkung, dass nämlich der niedrige Preis wahrscheinlich mit der geringen Qualität zusammenhänge. Der Firma liefen die Kunden davon, sie war auch wirtschaftlich in Gefahr. Im Alltag finden viele Kundenbeziehungen bei Beschwerden und der falschen Reaktion darauf ein Ende. So geht's: ‚Wir verstehen, dass Sie verärgert sind. Bitte um Entschuldigung, wir tun alles, dass die Sache wieder in Ordnung kommt‘. Und dann tun Sie es.

Leadership – agil bis servant

Nur auf das Ziel zu sehen,
verdirbt die Lust am Reisen!
F. Nietzsche

Zeitgeistbedingte moderne Ansätze oder scheinbar neue theoretische Konzepte von Führung sind immer in: Neuerdings geht es um Agilität. Im agilen Konzept geht es darum, rasch und flexibel auf veränderte Bedingungen zu reagieren; es geht um den Dialog über den Dialog – also um die Metaebene, die Reflexion über Aktion und Kommunikation. Grundsätzlich geht es im Führungskontext darum: eine Person mit Führungsverantwortung, Personen, die als MitarbeiterInnen untereinander und mit der Führungskraft in Beziehung stehen, eine (mehr oder weniger) konkrete betriebliche Situation und ein wirtschaftliches, gesamtgesellschaftliches und kulturelles Umfeld.
Leistung und Erfolg stehen heute vielfach im Vordergrund und dienen unreflektiert als Referenzfolie wie als persönliche Anforderung und allgemeines Ziel bei Trainings und Schulungen. Reflexion und Diskussion über Kriterien und Dimensionen von Leistung und Erfolg kommen zu kurz. Leistungen und Erfolge vorzuweisen – und seien es nur solche auf der Zahlenebene – ist einfacher und einträglicher als Selbstreflexion. Aber sie gehört zu den eher seltenen Führungsqualitäten. Machen wir uns eine begriffliche Differenzierung nochmals bewusst: Managementaktivität bezieht sich primär auf die materiellen, strukturellen Faktoren, während personale und interaktive Schwerpunkte die Führungsaktivität bestimmen; Unternehmensführung und Menschenführung können also inhaltlich sinnvoll unterschieden werden und es ist auch von Vorteil, diese beiden Ebenen, die

sachbezogene und die personenbezogene Ebene zu unterscheiden (vgl. Führung). Leadership fokussiert die proaktive Verhaltensbeeinflussung. Ziel- und ergebnisorientierte Beeinflussung des Verhaltens anderer durch eigenes motivierendes, unterstützendes, ermutigendes und ausgleichendes Verhalten, das ist *servant* Leadership.

Vor allem bei der Bewältigung von Herausforderungen bei Veränderungsprozessen sind diese Fähigkeiten gefragt: Visionen zu liefern, Vertrauen und Kreativität zu fördern, Initiative und Verantwortung zu ermöglichen; Leadership denkt und agiert innovativ; Management arbeitet innerhalb festgelegter paradigmatischer Strukturen. Grundlage für diese anregende Atmosphäre ist ein respektvoller Umgang; Autorität und Glaubwürdigkeit des Führungspersonals sowie die Akzeptanz bei den MitarbeiterInnen hängen eng davon ab, wie diese Personen selbst diese Werte leben und wie MitarbeiterInnen diese im Alltag erleben.

Vertrauen, Offenheit, Verständnis, Beteiligung, Empathie und Feedback sind im Leadership-Verständnis anstelle von Macht, Vorschrift und Anweisung erlebbar. Selbstverständlich gibt es Situationen, in denen Führende rasch und direktiv reagieren müssen; im Alltag sind sie aber die Ausnahme. Führungsverantwortliche müssen selten mit wehenden Fahnen vorausgehen, vielmehr ist Leadership gefragt, bei dem die Menschen das Gefühl haben, dass die Führungskraft hinter ihnen steht. Im Leadership-Verständnis zählen nicht nur die Qualifikationen, sondern auch die Art des Da-Seins, zählen nicht nur die Antworten, die gegeben werden, sondern auch die Fragen, die gestellt werden und die kooperative Auseinandersetzung mit unterschiedlichen Wegen, die zur Zielerreichung führen können.

Führungstätigkeit als Leadership verfolgt proaktiv diese Ziele: Stärken der MitarbeiterInnen zu entwickeln, Sinnhaftigkeit zu vermitteln und Erfolgserlebnisse zu ermöglichen.

Lernen

Was man lernen muss, um etwas zu tun,
das lernt man, indem man es tut!
Aristoteles

Die Bedeutung der Gehirnregion Hippokampus oder unter welchen Bedingungen sich die dendritischen Spines vergrößern, das
alles steht in Lehrbüchern über den Vorgang des Lernens. Hier
lade ich zu Überlegungen ein, die hilfreich sein können, das Lernen fern von Schule und Bewertungen zu verstehen. Lernen beschreibt einerseits einen Prozess, andererseits verstehen wir
darunter ein Ergebnis. Das Lernen und das damit verbundene
Reproduzieren von Fakten, Daten und Wissensinhalten bewegt
uns hier auch nicht sonderlich; interessant für den Führungsalltag ist das so genannte Imitationslernen, das Lernen am Modell.
Woran erkennen wir, dass jemand etwas gelernt hat? Wie stellen wir fest, ob jemand etwas gelernt hat? Die Antwort ist einfach: wir merken, dass jemand sein Verhalten geändert hat. Das
Kind hat gelernt zu laufen, hat gelernt zu grüßen und wir stellen
lobend fest, was es nicht schon alles ,kann'. Wenn jemand sehr
viel Wissen abgespeichert hat und sein Verhalten diesem Wissen
entsprechend ändert, dann hat er etwas dazu gelernt. Ich stelle
diese stark verhaltensorientierte Meinung den Studierenden im
Hörsaal sehr vereinfacht dar und ende mit der Feststellung, dass
zwar jemand mit Doktorat und viel Wissen die Universität verlassen könne, es aber zugleich möglich sei, dass er wenig dazu
gelernt habe, wenn sich sein Verhalten dadurch nicht merkbar
verändert habe. Die Diskussionen dazu sind lebhaft und Bestandteil des Lernens. Den Studierenden Möglichkeiten zu eröffnen, selbst Antworten zu finden, sich einen Zugang zu theoreti-

schen Konzepten zu erarbeiten sind gute Voraussetzungen für erfolgreiches Lernen, für ein Lernen, das ein gewünschtes Ergebnis bringt: die aktive Herangehensweise und die kreative Auseinandersetzung mit Herausforderungen und Problemstellungen.

Führungsverantwortliche wünschen sich in der Regel aktive, interessierte und engagierte MitarbeiterInnen. Sie haben aber damit auch die Verantwortung, Räume zu schaffen, dass die MitarbeiterInnen aktives und engagiertes Verhalten zeigen und lernen können – am besten wie gesagt durch das engagierte und aktive Verhalten als gelebtes Vorbild. Weniger das gesprochene Wort ist prägend, viel mehr bewirkt das erlebte Tun. Gemeinsame Aktivität im Einklang von Reden und Handeln schafft ein positives Lernklima, in welchem die ergebnisorientierte Verhaltensbeeinflussung und motivierende Verhaltenssteuerung als Führungsaufgabe leicht fällt.

Wir kennen Redewendungen wie ‚Aus Fehlern wird man klug‘ oder ‚Fehler dürfen gemacht werden, nur nicht dieselben zweimal‘; diese Hinweise sind wichtig für das Verständnis zum Thema Fehlerkultur. Fehler sind wichtige Lernimpulse; in den letzten Jahrzehnten hat sich auch die allgemeine Einstellung dazu sehr verändert. Ging es früher darum, Fehler auf alle Fälle zu vermeiden, so sieht man heute Fehler mehr als Lernchance. Fehler zu machen ist normal; daraus zu lernen ebenso.

Daraus kann aber nicht abgeleitet werden, dass jeder das Recht hat, alle Fehler selbst zu begehen. Eine offene Diskussions- und Gesprächskultur über schon gemachte Fehler und daraus gelernte und abgeleitete Verhaltensweisen sind hilfreiche Bausteine für das angstfreie Lernen. Achten Sie darauf, ob Fehler eher durch das System begünstigt werden oder ob sie im menschlichen Verhalten liegen. Und lassen Sie keine Chance aus, wenn Sie vorbildhaft sagen können: ‚Sorry – mein Fehler!‘

Lesen

Bitte kurz lächeln: Eine Aussage wird soeben wieder bewiesen, indem Sie diese Zeilen lesen: *Lesen bildet.* Neue Studien belegen, dass sich die Lesegewohnheiten sehr verändern. Texte werden kaum mehr intensiv studiert, sondern überblicksmäßig und portionsweise konsumiert – auch dieser Voraussetzung beugt sich dieses Lesebuch und serviert die Einheiten in kleinen Happen.

Lesen hat neben der unmittelbaren Informationsaufnahme und den Vorteilen, die wir daraus ziehen, viele langfristig wirkende Vorteile: Lesen trainiert zahlreiche Gehirnareale und Forschungen belegen, dass dies präventive Wirkung auf Demenzerscheinungen hat. Lesen verändert die Gehirnaktivität; ein Teil der Gehirnrinde, der zuständig ist für abstraktere geistige Leistungen und für den raschen Wechsel von Perspektiven, wird aktiviert, wenn wir in einer spannenden Geschichte der Heldenfigur in seinen unterschiedlichen Aktionen folgen.

An der Universität Toronto haben Psychologen im Rahmen einer Testreihe festgestellt, dass jene Menschen, die gerne Romane lesen, sich mit Belletristik intensiver beschäftigen, auch bei Empathietests besser abschnitten, also auch die sozialen Kompetenzen besser entwickelt waren. Zu einem ähnlichen Ergebnis kam auch eine Studie der New School for Social Research in New York. Verhaltensforscher an der amerikanischen Emory Universität haben außerdem über Messungen an Magnetresonanztomografen nachgewiesen, dass regelmäßiges Lesen Teile des Temporallappens im Gehirn verändert; das ist jener Teil, der auch entscheidend beteiligt ist, wenn es um die Fähigkeiten der Abstraktion geht.

Möglicherweise wenden Sie ein, dass Sie ohnehin genug zu lesen haben - Berichte, Fachliteratur, Protokolle. Vielleicht haben Sie es sich ohnehin schon zur Gewohnheit gemacht, etwas ganz anderes zu lesen; Reiseberichte, Krimis, Romane oder Fachliteratur zu Themenbereichen, die mit Ihrem beruflichen Alltag nichts zu tun haben. Wenn nicht, dann nehmen Sie sich die Zeit, jenseits Ihrer beruflichen Lesepflichten sich lesend wirklich ,anderen' Inhalten zu widmen.

Lesen - das Wort selbst bedeutet ja ursprünglich sammeln, ordnen, wahrnehmen, etwas aufheben. Die Weinlese oder die Auslese weisen noch auf diese Sinnhaftigkeit des Aufhebens, des Sammelns oder der ordnenden Auswahl hin. Die ständige Aufnahme und Verarbeitung neuer Informationen trainiert Gehirn und Gedächtnis, fördert die allgemeine Leistungsfähigkeit des Gehirns und beugt, so die Meinung vieler Fachleute, auch Alzheimer vor. Nach einem arbeitsreichen Tag kann eine Leseeinheit sehr stressreduzierend wirken. Lesen schafft Abstand zur Alltagshektik, schafft Inseln der Ruhe und Entspannung und lässt uns eintauchen in andere Wirklichkeiten. Lesen erweitert den geistigen Horizont, erhöht die Konzentrationsfähigkeit, entwickelt auf spielerische Weise die analytischen Fähigkeiten, fördert die Kreativität, das Vorstellungsvermögen; Lesen beeinflusst auch den eigenen Schreibstil und erweitert ganz nebenbei unsere Ausdrucksfähigkeit; lautes Vorlesen begünstigt dabei die Aufnahme neuer Wörter in den aktiven Wortschatz. Lesen hat eine große Bedeutung für die Persönlichkeitsentwicklung allgemein und für die aktive Beteiligung an Entscheidungsprozessen und für die weitere Entwicklung von demokratischen Verhältnissen scheint es unerlässlich, der Lesekompetenz stärkere Aufmerksamkeit zu schenken. ,Lesen stärkt die Seele' sagt Voltaire.

Limbic Speech

Gehirn ist das Organ,
mit dem wir denken, dass wir denken!
A. G. Bierce

In der Kommunikation gilt die Grundregel: Wahr ist, was an-
kommt. Bei jedem Gespräch, bei jeder Präsentation ist es unser
Ziel, im Gesprächspartner Verständnis für unser Anliegen zu erhöhen oder ihn oder ein Publikum zu überzeugen. Wir wissen,
dass Menschen unterschiedlich reagieren, dass Inhalte unterschiedliche Reaktionen auslösen. Menschen sind nicht so einfach
zu überreden oder zu überzeugen, mögen wir uns noch so gut
vorbereitet haben. Eine wichtige Vorbereitung fehlt aber meist
dennoch: die Auseinandersetzung mit den dominierenden Werten, Wünschen und Denkstilen der Gesprächsteilnehmer bzw.
des Publikums.
Für die einen ist ein nüchterner und sachlich strukturierter Stil
überzeugend, für die anderen sind originelle und emotionale
Beiträge motivierend. Überzeugungskraft, Akzeptanz und Klarheit in einem Gespräch oder in einer Rede sollen für möglichst
viele TeilnehmerInnen erlebbar sein. Wie können wir dieses Ziel
erreichen? Indem wir uns kurz neuen Ergebnissen der Hirnfor-
schung zuwenden und uns bewusst machen, dass es nicht das
Großhirn mit dem für uns überbewerteten ‚rationellen' Verar-
beitungszentrum ist, welches die entscheidende Rolle spielt,
sondern ein evolutionär viel älterer Teil, nämlich das limbische
System, in dem Gefühle und Affekte entstehen, unsere Wahrnehmungen gefiltert und Verarbeitungsprozesse gesteuert werden. Entscheidungen treffen wir häufig ganz anders als wir glauben. Wir treffen Entscheidungen meist unbewusst; die verstan-

desmäßigen und vernunftgeleiteten Überlegungen und Aspekte haben wenig Einfluss auf unser Verhalten. Wir sind kaum in der Lage, unser Gefühlsleben verstandesmäßig zu kontrollieren; die Gehirnforschung hat bewiesen, dass mehr Nervenstränge vom limbischen System zum Großhirn gehen als umgekehrt von dort in die limbischen Zentren.

In unserem Leben bestimmen drei große Kräfte aus dem limbischen System unsere Emotionen und Motivationen und steuern somit unsere Wahrnehmung, unser Erleben und unser Verhalten: *Dominanz, Stimulanz und Balance.*

Das Balancesystem lenkt uns so, dass Ruhe, Sicherheit, Bewährtes und Bekanntes im Vordergrund steht und somit Ängste und Unsicherheiten vermieden werden. Das Dominanzsystem sorgt dafür, dass wir unser Terrain verteidigen, uns durchsetzen wollen und unsere Macht bestätigen oder ausweiten wollen. Die Belohnungen dafür sind ein Gefühl der Überlegenheit und im Versagensfall entstehen Wut und Ärger. Das Stimulanzsystem lässt uns auf das Neue zugehen, sorgt für Interesse, für Entdeckerneugier und Abwechslung. Frustration und Langeweile stellen sich ein, wenn diese Impulse nicht bedient werden.

Diese Erkenntnisse bieten nun die Gelegenheit, alle drei Steuerungsimpulse in Gesprächen oder bei Präsentationen zu berücksichtigen, um so einen möglichst großen Teil des Publikums bzw. der menschlichen Wahrnehmung und Aktivitätssteuerung zu erreichen. Wenn wir diese Prinzipien anwenden und gleichsam auf diese drei unterschiedlichen Systeme Rücksicht nehmen, dann entstehen bei der Informationsaufnahme und bei der Verarbeitung viele ‚gute' Gefühle beim Gesprächspartner oder beim Publikum. Bedienen Sie bei der Vorbereitung ihrer Rede oder Ihrer Präsentation diese unterschiedlichen Typen und Systeme, indem Sie auf diese grundlegenden Programmierungen eingehen: *Ich will siegen! Ich will Spaß! Ich will Sicherheit!*

Lösungsorientierung

Für jedes Problem gibt es eine Lösung,
die einfach, sauber und falsch ist!
H. L. Meneken

Die so genannten Probleme, die uns umgeben, werden nicht weniger und wir alle sehnen uns nach Lösungen. Nur ist die Art und Weise, wie wir mit Problemen umgehen, oft sogar problemstabilisierend, nicht selten problemverstärkend. Gerne diagnostizieren wir ein Problem, um uns danach ausführlich seiner Entstehungsgeschichte zu widmen und anschließend Schuldige und Verantwortliche dafür zu suchen. Werden dann eventuell Lösungsvorschläge eingebracht, dann wird lange und intensiv argumentiert, warum die einzelnen Vorschläge nicht brauchbar sind: Das geht nicht, weil... Oder: Das wird schwierig, denn...

Im lösungsorientierten Vorgehen werden Personen und Probleme getrennt; lange Zeit wurden Personen und Probleme ident betrachtet und bearbeitet. Zudem wurde lange Zeit im Paradigma des Ursache-Wirkung-Denkens nach den Ursachen von Problemen gesucht; die lösungsorientierte Haltung fragt nicht danach, sondern stellt die Frage: *Was hält das Problem aufrecht?* Denkweisen und Handlungen organisieren sich demnach rund um das Problem und es gilt jene Handlungen zu identifizieren, welche als aktiver Beitrag das Problem weiter existieren lassen. Wenn dieser Beitrag verändert wird, ändert sich auch die Situation, die als Problem empfunden wird. In der lösungsorientierten Gesprächsführung gelten folgende Grundsätze:

- Versuche herauszufinden, was der Gesprächspartner will und sprich nicht darüber, was er nicht will.

- Lenke das Gespräch auf jene Aspekte, die eine Ausnahme zur Problemsituation bilden; sprich also über jene Dinge, welche funktionieren und keine Probleme verursachen.
- Bestärke den Gesprächspartner darin, etwas Neues zu versuchen, neue Aktionen zu probieren und neue Erfahrungen zu machen, wie sich sein verändertes Handeln auf die Problemsituation auswirkt.

So einfach diese Anleitungen auch klingen, so herausfordernd ist ihre praktische Umsetzung, denn auf der Seite der Gesprächsführung braucht es dazu folgende Fähigkeiten:

- Dem, der redet, aufmerksam zuhören.
- Das, was gesagt wird, ernst nehmen.
- Langsam vorgehen.

Die Vorannahmen sind beeindruckend einfach: Es gibt mehrere Lösungen und diese sind konstruierbar, können also erfunden werden und müssen nicht als gültige Musterlösungen mühsam entdeckt werden. Jeder hat ein Recht auf Probleme und diese dürfen auch nicht mit oberflächlichen Schnellrezepturen weggeredet werden. Ein sehr wirksames Instrument der lösungsorientierten Gesprächsführung kennen wir aus den Arbeiten von *de Shazer*, es ist die so genannte *Wunderfrage*: „Angenommen, Sie wachen morgen früh auf und über Nacht ist ein Wunder geschehen. Ihr Problem existiert nicht mehr, alles ist so, wie Sie es sich vorgestellt haben. Woran genau merken Sie, dass es das Problem nicht mehr gibt? Was machen Sie jetzt anders? Was machen andere jetzt anders? Wie merken die Menschen um Sie herum, dass es das Problem nicht mehr gibt? Wer verhält sich jetzt wie?" Diese konkreten Beschreibungen auf der Wahrnehmungs- und Verhaltensebene konstruieren mögliche Lösungen und schaffen eine positiv besetzte Atmosphäre, in welcher kleine Veränderungen in der Sichtweise große Wirkung haben können.

Macht

Willst Du den Charakter eines Menschen erkennen,
so gib ihm Macht!
A. Lincoln

Menschen mit Führungsverantwortung haben mehr Macht, eine Beziehung zu gestalten, mehr Möglichkeiten, darauf Einfluss zu nehmen, wie eine Situation gestaltet und erlebt wird. Mit mehr Macht ist aber immer auch mehr Verantwortung verbunden. Nutzen Sie die Macht, die Sie in Führungsverantwortung auf der Grundlage Ihrer Position und Ihrer fachlichen und persönlichen Qualifikationen und Fähigkeiten haben, um jene zentralen Bereiche von Führungsaufgaben gut zu entwickeln und zu gestalten, die nach aktuellen Umfragen besondere Bedeutung haben:

- Vertrauen schaffen
- Potenziale von MitarbeiterInnen erkennen und fördern
- Klar und wertschätzend kommunizieren
- Prozess- und ergebnisorientiertes Denken stärken
- Freude und Lust an der Arbeit und am Lösen von Problemen sichern

Die hierarchische Macht, die Macht, welche Sie aufgrund Ihrer Position als Führungsperson haben, darf Sie nicht dazu verleiten, mit dem Prinzip Angst zu führen, obwohl die Versuchung dazu manchmal sehr groß ist und viele Führungskräfte haben die Methode des Druck- und Angstmachens perfektioniert. Kurzfristig scheinen derartige Instrumente auch etwas zu bewirken, manchmal sind die Ergebnisse auch auf der Zahlenebene sichtbar – aber eben nur sehr kurzfristig. Solche Führungskräfte wechseln auch häufig das Unternehmen und sind so nicht mehr verantwortlich zu machen für das Ergebnis und die Zustände, welche sie hinterlassen und die Nachfolge ist mit einem angstbesetzten und aggressiven Klima konfrontiert. Es dauert sehr lange und braucht viel Überzeugungsarbeit, eine vertrauensvolle Atmosphäre wieder herzustellen.

Personen mit Führungsverantwortung haben aber auch die Macht, Situationen zu definieren. Führungskräfte sehen sich in bestimmten Situationen oft als Opfer und erleben ihr Verhalten primär als Reaktion auf äußere Einflüsse. Was einfach nachvollziehbar und verständlich ist, bedeutet aber letzten Endes die Abgabe von Macht. Im Hintergrund steht die Haltung, dass andere über sie verfügen und dass sie nur reagieren und damit auch die gestaltende Macht an andere abgegeben wird. Erinnern Sie sich an konkrete Ereignisse, in denen Sie das Gefühl hatten, nicht anders reagieren zu können, als Sie es eben getan haben. Wenn Sie diese Verantwortung für die eigene Entscheidung, für das eigene gewählte Verhalten abgeben, dann geht auch viel an Macht verloren. Geben Sie anderen sehr selten die Möglichkeit, dass deren Laune ihr Verhalten bestimmt.

Unbestritten verfügen Sie über Positionsmacht und hierarchische Anweisungsmacht. Sie können sich als Persönlichkeit sehr gut dahinter ‚verstecken' und sich sehr machtvoll durchsetzen. Auf der menschlichen Ebene wirkt es kollegialer, kooperativer und motivierender, wenn Sie den MitarbeiterInnen auf Augenhöhe begegnen und jene Macht spürbar wird, die als persönlich wahr- und ernstgenommene Verantwortung, als Selbstkontrolle, als Verständnis und Klarheit, als Sicherheit und Konsequenz wirkt. Einige Führungskräfte haben Angst vor Machtverlust. Beugen Sie durch folgende Maßnahmen rechtzeitig diesem Gefühl vor: Reden Sie mit MitarbeiterInnen bzw. dem Team über die Erfolge. Freuen Sie sich gemeinsam über erbrachte Leistungen. Und verzichten Sie auf das Wort ‚müssen'.

Marketing

Ich habe kein Marketing gemacht,
ich habe immer nur meine Kunden geliebt.
Z. Davidoff

Sie assoziieren auch noch Verkauf oder Werbung mit dem Begriff Marketing? Stimmt so nicht; Marketing ist eine Art Schlüssel zum Unternehmenserfolg, Marketing steht für die zentrale Rolle des Kunden. Die KundInnen haben absolute Priorität; wenn Ihnen Marketing wichtig ist, dann wissen Sie sehr viel über die Bedürfnisse und Prioritäten Ihrer KundInnen und richten Ihr Unternehmen sehr stark darauf aus.

Ein 5-Sterne-Hotel hat einen anderen Marketing-Mix als ein Hotel, das sich als günstige Übernachtungsmöglichkeit präsentiert. Produktpolitik, Distributions- und Kommunikationspolitik variieren und die Bestandteile müssen gewichtet werden und beeinflussen sich gegenseitig. Ausreichende Informationen über Qualität und Preise der Konkurrenz sind ebenso Voraussetzung wie Informationen darüber, wie Ihre KundInnen sie sehen. Im Zentrum steht dabei die so genannte Image-Frage: Welches Image haben wir bei den KundInnen? Welches Image wollen wir haben? Wichtige Fragen sind dabei hilfreich:

- Haben KundInnen beim Kauf unseres Produktes das Gefühl einer guten Investition – und nicht nur das Gefühl, dass Kosten anfallen?
- Welche Eigenschaften, Merkmale und Vorteile schätzen die KundInnen an unseren Produkten am meisten?
- Welchen Aufwand ersparen unsere Produkte der Kundschaft? Wieviel Zeit und Mühe werden durch die Verwendung der Produkte eingespart?

- Welche Wirkung haben die Produkte auf den Status der KundInnen?

Sammeln Sie zudem verlässliche und aussagekräftige Kundendaten, um über Kundenprofile Produkte und Dienstleistungen auf wichtige Kundengruppen abstimmen zu können. Wesentlicher Bestandteil des unternehmerischen Erfolgs ist die Fähigkeit, dem Kundenbedürfnis nach individueller und aufmerksamer Behandlung gerecht zu werden. Die Verkaufsargumente eines Unternehmens decken sich idealerweise mit den Kaufmotiven der KundInnen. So mag ein 50-jähriges Firmenjubiläum ein gutes Verkaufsargument sein, wenn KundInnen dabei um 50 Euro ein Produkt kaufen können, das sonst 80 Euro oder gar 100 Euro kostet, dann erst decken sich die beiden Ebenen. Bestehende Kundschaft zu halten ist um ein Vielfaches einfacher und kostengünstiger, als neue Kundenbeziehungen aufzubauen. Regelmäßig sollten daher das Kundenservice evaluiert und verbessert werden; Qualität sollte auch hier kein Zufallsprodukt sein.

KundInnen erwarten zu Recht besten Service und wollen mit voller Aufmerksamkeit behandelt werden; beobachten Sie deshalb immer wieder, wie MitarbeiterInnen mit KundInnen umgehen und geben Sie rechtzeitig Feedback, wenn es Anlass für Verbesserungen gibt. Kundenbeschwerden sind eine wichtige Informationsquelle und der Umgang mit Beschwerden eine Möglichkeit der Kundenbindung, wenn eine Lösung für das vom Kunden vorgebrachte Problem gibt, welche ihn zufriedenstellt. Diese Erfahrung wird weiter erzählt und bedeutet kostenlose Werbung. Wenn Sie mit Ihrem Unternehmen auch eine visuelle Identität sich schaffen, auch über eine Marke identifizierbar und wieder erkennbar sein wollen, dann sorgen Sie dafür, dass Kundschaft und Zulieferer im Design in etwa dieselben Werte assoziieren. Und werden Sie nicht müde, immer wieder die Vorteile Ihres Produkts zu kommunizieren.

Mediation

Sorge für Dein Wohl –
mit dem geringsten Schaden für andere!
J.-J. Rousseau

Konflikte haben die Eigenart zu eskalieren; wir übersehen dabei die Tatsache, dass nicht wir den Konflikt haben, sondern der Konflikt uns hat. In einer konflikthaften Situation verändern sich viele Parameter der Wahrnehmung, der Informationsverarbeitung und der Reaktion. Mediatorische Konfliktbearbeitung oder Konfliktlösung ist ein Verfahren, das die Beziehungsebene der betroffenen Konfliktparteien und deren Gesprächsbereitschaft ins Zentrum stellt. Bisherige klassische Regelungen, zum Beispiel gerichtliche Entscheidungen nach aufwändigen Streitverfahren, hatten vorwiegend die sachliche Ebene im Blick; nach einem richterlichen Spruch war zwar in der Sache entschieden, aber die Beziehung der Konfliktpartner war häufig endgültig zerbrochen. Die mediatorisch konsensuale Konfliktbearbeitung ermöglicht es den Konfliktpartnern, freiwillig und gemeinsam eine Lösung zu erarbeiten, ohne dass die Beziehung zueinander Schaden nimmt. Professionelle und eigens dafür ausgebildete MediatorInnen begleiten Partnerkonflikte, Umweltstreitigkeiten, Gemeindeauseinandersetzungen, Nachbarschaftskonflikte, Konflikte in Schulen und selbstverständlich auch in Unternehmen und zwischen verschiedenen Firmen. Mediatorische und präventive Konfliktkompetenzen rechtzeitig eingesetzt können sich finanziell sehr schnell rechnen, denn langwierige juristische Verfahren mit Anwaltsbegleitung sind meist überaus kostspielig.

Wir sind es gewohnt, in einer konflikthaften Situation sofort in eine Verteidigungshaltung zu gehen, den anderen anzugreifen,

Vorwürfe zu konstruieren und Forderungen zu formulieren. Auch die Sprache ist sehr verräterisch, wenn wir darauf achten, mit welch kriegerischen Worten wir diese konflikthaften Geschehnisse charakterisieren: Kampf, Sieg, Niederlage, sich durchsetzen, überlegen sein usw. Mediatorische Konfliktbearbeitung ist eine Art neues Kulturgut, das in vielen gesellschaftlichen, politischen und wirtschaftlichen Einsatzbereichen in den letzten Jahren erfolgreich zum Einsatz gekommen ist. Weniger Konflikte, rechtzeitig erkannte und gut gelöste Konflikte kosten weniger und bewirken mehr Motivation und Zufriedenheit der MitarbeiterInnen (vgl. Konflikte)

Betroffenen ist es fast unmöglich, in einer Konfliktsituation den Überblick zu wahren, auf den anderen und seine Bedürfnisse zu achten; sie sind zu sehr mit sich selbst beschäftigt, mit den erlebten oder erdachten Verletzungen und mit möglichen Mitteln zur Selbstverteidigung. Ein neutraler Vermittler, ein Mediator oder eine Mediatorin ist zuständig für einen bestimmten Verfahrensablauf, für eine Struktur der Konfliktbearbeitung, die es erlaubt, dass die Anliegen, Wünsche, Ängste und Bedürfnisse aller Beteiligten offen besprochen werden können. Mediation unterbricht die gewöhnliche Eskalationsdynamik und ermöglicht auf eine wertschätzende Art und Weise die Äußerung und Bearbeitung der mit Konflikten meist stark verbundenen Gefühle. Sie schafft einen vertrauensfördernden Raum für die Bedürfnisse der Beteiligten. Gegenseitiges Vertrauen kann entstehen und sich entwickeln, das Verständnis für die jeweils andere Situation und Sichtweise kann wachsen und der gemeinsame Ausblick auf eine Lösungsmöglichkeit, mit der alle Beteiligten gut miteinander leben können, wird wahrscheinlicher. Einen Streit zu vermeiden oder konstruktiv zu schlichten, war immer eine gesellschaftliche Herausforderung. Ziel ist eine ‚win-win'-Situation; der Kuchen wird nicht nur gerecht geteilt, er wird vergrößert.

Meetings

Der Gescheitere gibt nach!
Eine traurige Wahrheit; sie begründet die Weltherrschaft der Dummen!
M. v. Ebner-Eschenbach

Über Meetings können Sie viele Geschichten aus der eigenen Erfahrung erzählen, oder? Zahlreiche mehr oder weniger witzige Bemerkungen gibt es darüber; eine sehr bekannte Variante ist jene, welche Meeting als praktische Alternative zur Arbeit darstellt, die es ermöglicht, aus der Einsamkeit am eigenen Arbeitsplatz zu flüchten, KollegInnen zu beeindrucken, kreative Flip-Charts zu zeichnen und die Entscheidungen den anderen zu überlassen.

In der Zeitschrift Manager Seminare wurde vor einigen Jahren das Ergebnis einer Umfrage einer Münchner Consulting Firma präsentiert: Über 1000 Manager in Deutschland, England, Schweden und Frankreich wurden zur Meeting-Kultur befragt und bestätigten, dass etwa 90 Prozent der Meetings sehr produktiv verlaufen, die TeilnehmerInnen aktiv erlebt werden, zufriedenstellende Präsentationen geliefert werden und meist sehr konstruktive Gesprächsbeiträge bringen. Es gibt allerdings einen stark wirkenden Faktor, der die Qualität von Meetings beeinflusst und dies ist für Führungsverantwortliche beachtenswert: Je größer ein Unternehmen, desto häufiger finden Meetings statt und mit der Häufigkeit steigt auch die Einschätzung, dass die Meetings eher erfolglos und wenig sinnvoll sind. Also gilt auch hier wie in der Medizin: die Dosis macht's...

Ergebnislose und langwierige Besprechungen sind neben unklaren Zielsetzungen und den mangelnden Prioritäten die größten bekannten Zeitfresser im betrieblichen Alltag. Laut einer Studie der Akademie für Führungskräfte Bad Harzburg sind TeilnehmerInnen bei Meetings unzureichend vorbereitet und mehr als die Hälfte der Befragten stellt fest, dass die Konzentration auf die zu besprechenden Agenden zu wünschen lässt. Auch die mangelnde Umsetzung der besprochenen bzw. entschiedenen Angelegenheiten wird als Mangel angeführt. Führungsverantwortliche haben also entsprechend dafür zu sorgen, dass die Besprechungspunkte vollständig vorbereitet werden, dass es eine ziel- und ergebnisorientierte, eher straffe Gesprächsführung gibt, damit die Meetings produktiv erlebt werden können, die besprochenen Maßnahmen entsprechend umgesetzt werden und diese Umsetzung auch evaluiert und kontrolliert wird.

Eine gute Vorbereitung auf die Inhalte und auf die TeilnehmerInnen sichert den Erfolg von Meetings. In dieser Form sind Meetings ein effizientes Führungsinstrument; solche Meetings sind der ideale Platz für Informationsaustausch und zur Entscheidungsvorbereitung. Produktive Gespräche sind für die Unternehmenskultur so wichtig wie das Wasser für die Pflanze; Wachstum und Produktivität haben eine wesentliche Grundlage auch in der gelungenen Kommunikation und Interaktion; Meetings sind das Schaufenster für diese beiden Ausstellungsstücke.

Trotz aller Appelle zur Planung und Vorbereitung bedenken Sie aber bitte, dass Menschen zusammenkommen und es nie genau steuerbar ist, was in der konkreten Interaktion passiert. Verfolgen Sie aufmerksam die Prozesse und *führen* Sie die Gespräche und Diskussionen unter Beachtung aller Anliegen und Bedürfnisse wieder zu den Themenschwerpunkten.

Gut geführte Meetings kürzen Kommunikations- und Entscheidungswege ab, ermöglichen das Erleben von sozialer Unterstützung, erhöhen die Kreativität und bündeln Fähigkeiten zur Aufgabenbewältigung.

Metaebene

Zwei Elemente braucht man für eine Wahrheit:
eine Tatsache und eine Abstraktion!
R. de Gourmont

Sie kennen diese Situation: Sie sitzen auf der Zuschauerbank und sehen genau, welcher Spieler frei wäre und damit anspielbar – aber den Ball erhält einer, der zu spät reagiert und auch den Ball deshalb verliert. Besser wäre es gewesen, wenn... Es gibt offensichtlich Positionen, von denen ein Sachverhalt *besser* wahrnehmbar ist, *besser* einzuschätzen und zu beurteilen ist. Bei vielen Kommunikationsstörungen ist das Einnehmen der Metaposition, der Beobachtungsposition, ein probates Mittel, um die Kommunikation wieder in gelingende Form zu bringen.

In der zwischenmenschlichen Kommunikation bedeutet die Metaebene, dass wir eine Ebene *darüber* gehen, dass wir uns von der inhaltlichen Ebene der Kommunikation lösen und darüber reden, wie wir miteinander reden. Wir sprechen darüber, wie wir miteinander sprechen. Störungen haben Vorrang, so heißt eine anerkannte Regel aus der Themenzentrierten Interaktion. Wer rasch hilft, hilft doppelt, sagt der Volksmund. Je früher wir eine Störung in der Kommunikation wahrnehmen, desto einfacher ist sie zu beheben. Es bedarf allerdings dazu des Mutes, diese Störung zu benennen und sie anzusprechen. Wenn die Gedanken damit beschäftigt sind, wie der Gesprächspartner etwas gemeint haben könnte, weil der Inhalt etwa mit einem abfälligen Grinsen begleitet wurde, dann ist es Zeit, die inhaltliche Ebene zu verlassen, auf die Metaebene zu wechseln und die Situation zu klären. Wir sind dann aufgefordert, über unsere Art der Kommunikation zu kommunizieren. Dies hat zwei Voraussetzungen: wir sind gefordert, unsere Wahrnehmung gegenüber den Prozessen rund um uns und in uns zu schärfen und dann braucht es eine Portion Mut und die Offenheit und Bereitschaft, die eigene Wahrnehmung den anderen auch mitzuteilen.

Der Wechsel auf die Metaebene wird in Alltagsgesprächen kaum genutzt und selten eingesetzt, ist aber ein hilfreiches Instrument, um auf Distanz zu gehen, etwas von außen zu beobachten und zu kommentieren, ohne dass ein Anliegen, eine Sache oder ein Thema zugleich verändert wird. Ganz im Gegenteil: Klärungen auf der Metaebene wirken sich in der Regel positiv auf das Gesprächsklima aus und damit auch auf das inhaltliche Ergebnis. Wichtig ist, dass die eigene Wahrnehmung in der Ich-Form als Tatsachenbeschreibung ohne Bewertung ausgesprochen wird, damit sie auch als persönliches Statement von den anderen eingeordnet werden kann. Ein Beispiel: *„Ich versuche in den letzten Minuten, meine Meinung zum Thema zu formulieren – ich werde ständig unterbrochen, ich möchte jetzt ohne Unterbrechung meine Ansicht vorbringen."* Aus vielen Interviews mit Politikern in Nachrichtensendungen ist auch das klassische *„Das habe ich Sie nicht gefragt"* bekannt; auch eine Form der kurzen Reflexion des Gesprächsverlaufs in der Ich-Form statt der eher vorwurfsvollen Formulierung *„Sie haben meine Frage nicht beantwortet"*. Auf die Metaebene zu gehen bewirkt einen Perspektivenwechsel und ermöglicht damit einen Schritt in Richtung Klarheit, dem so sehr gewünschten und so diffusen Ziel in der Kommunikation. In der Führungskommunikation schafft die Einladung auf die Metaebene oder Metaposition die Möglichkeit, Verständnis für die Sichtweisen, Haltungen und Argumente anderer KollegInnen zu entwickeln. Nutzen Sie Möglichkeiten, die Perspektiven anderer kennen zu lernen, nehmen Sie sich kurz aus dem Spiel und fragen Sie: *„Angenommen, Sie hätten selbst die leitende Verantwortung im Team: Wie würden Sie Ihr Team motivieren?"*

Metapher

Zahlen und Fakten in Berichten sind aussagekräftig. Eine gut erzählte Geschichte ist aber oft überzeugender als die Ergebnisse ausführlicher Studien und Analysen. Im Gilgamesch-Epos, verfasst vor über 3000 Jahren, lesen wir sinngemäß: ‚Das Einzige, was den Menschen Ewigkeit verleiht, ist nicht die Geschichte, sondern eine Geschichte, die erzählt wird.'
Geschichten bringen oft sehr komplexe Sachverhalte auf den Punkt und verschaffen durch freie Assoziationen oft ein neues Verständnis, welches durch Belehrungen kaum so leicht bewirkt werden kann. Erinnern Sie sich an das Geschichten erzählen und vorlesen in der Kindheit; Geschichten helfen uns, die Welt verstehen zu lernen und eröffnen uns Zusammenhänge. Mit Geschichten erreichen wir nicht nur den Verstand, sondern vor allem auch die Kreativität, die Intuition und die Emotion. Überlegen Sie, wo und wann Sie vielleicht auch ein Anliegen in einer Metapher oder einer Geschichte verpacken können. Eine sehr bekannte und von mir häufig erzählte ‚Kurzgeschichte' sei wiederholt (sie ist auch im Kapitel Begeisterung zu lesen, weil sie mich begeistert...)
***

Ein Baustellenleiter ist auf der Suche nach einem Maurer, der sein Handwerk versteht. Er zieht suchend durch das Land und kommt eines Tages zu einer riesigen Baustelle, an welcher viele Maurer arbeiten. Der Baustellenleiter beobachtet die Arbeitenden eine Weile, dann wählt er drei Leute aus, mit denen er das

Gespräch sucht, um einen von ihnen auszuwählen – rein äußerlich scheinen die drei sehr ähnlich zu arbeiten. Er möchte also den Unterschied zwischen den dreien herausfinden und den besten für seine Arbeit auswählen. Er wendet sich also dem ersten Maurer zu und fragt diesen: Was tust Du da?

Der Maurer schaut ihn erstaunt an und antwortet: Das ist doch klar, das sieht man doch: Ich verdiene hier mein Geld, damit ich mit meiner Familie überleben kann.

Dem zweiten Maurer stellt er dieselbe Frage und dieser erwidert verwundert und mit einer guten Portion Stolz in seiner Stimme: Ich erledige hier meine Arbeit; ich bin ein guter Maurer und versuche alles richtig zu machen, sonst wird nichts draus!

Der Baustellenleiter wendet sich nun an den dritten Maurer und auch ihm stellt er die Frage, was er denn hier so mache. Der Maurer überlegt ganz kurz und sagt dann bescheiden: Ich helfe mit, eine Kathedrale zu bauen.

***

Von Ralph Waldo Emerson, einem amerikanischen Dichter und Philosophen wird berichtet, dass er zusammen mit seinem Sohn auf der Farm versuchte, ein Kalb in den Stall zu bringen. Die beiden hatten ein klares Ziel und wussten, was sie wollten; auch setzten sie alles daran, um dieses Ziel zu erreichen: Der Junge war vorne und zog das Kalb heftig am Strick, den er dem Tier um den Hals gelegt hatte. Emerson selbst stemmte sich mit all seiner Kraft gegen das Hinterteil des Tieres und beide versuchten so, das Kalb vorwärts zu bewegen. Das Tier machte sich steif und blieb störrisch stehen. Eine Farmarbeiterin sah die beiden sich abmühen und ging die Sache völlig anders an: Sie bot dem Kalb ihre Hand an, streckte einen Finger aus, das Kalb begann daran zu lutschen – das tun junge Kälber sehr gerne. Die Frau ging voran und das Kalb folgte ohne Probleme freiwillig in den Stall.

Mitarbeitergespräch

Das ist einer, mit dem man gut reden kann,
sagt man über jemanden, der gut zuhören kann.
Q.-S.

Das klassische Mitarbeitergespräch (MAG) gehört zu den direkten Führungsinstrumenten. Das MAG ist aber nicht nur ein Führungswerkzeug zur Beeinflussung von Verhalten und Erleben der MitarbeiterInnen, sondern dient in gleicher Weise der Entwicklung der zentralen Ressource Führungskompetenz. Stellen Sie sich ehrlich die Frage: Wie gut beherrsche ich das Führungsinstrument MAG? Wie und wozu nutze ich es? Welche (oft unbewussten) Annahmen stehen hinter meinem Konzept des MAG (zum Beispiel: *Mehr Geld motiviert zu mehr Leistung*)? Wir alle haben im Laufe der Zeit auf der Grundlage unserer Erziehung, unserer Erfahrungen, unserer Werte ein bestimmtes Menschenbild entwickelt und bauen in der konkreten Begegnung darauf auf. Alle diese Vorannahmen lenken unser Verhalten, auch im MAG stellen diese Voraussetzungen die wesentlichen Weichen im Gespräch. Eine kritische Reflexion der allgemeinen Vorstellungen und Bilder vom Menschen, seinen Motiven und Zielen, die auch Führungskräfte in sich tragen, sollte sehr regelmäßig erfolgen; vielleicht sind Supervision und Coaching hier hilfreich. Führungsethische Aspekte sind im MAG sehr präsent; im Alltag sehen sich Führungsverantwortliche oft im Spannungsfeld von ökonomischen Zielvorgaben und moralischen Ansprüchen in Richtung Autonomie, Eigenverantwortung und Selbstverwirklichung. Das MAG kann ein Platz sein, in dem aus diesem Spannungsverhältnis jene kreativen Impulse kommen, welche die Ziele der MitarbeiterInnen und die Unternehmensziele in Übereinstimmung bringt. Damit ist implizit ein großes Anliegen des MAG auch formuliert: Zustimmung freiwillig zu erzielen, Identifikation und Motivation auf der Grundlage gemeinsamer Erfolgsvorstellungen. Erfolgreiche Führungskräfte verhalten sich im MAG gegenüber ihren MitarbeiterInnen nicht als von außen Vorgesetzte, sondern als ob sie von Ihnen gewählt worden wären und im MAG zur Wiederwahl anstünden.

Das MAG ist also für die Gesprächsführenden immer Anlass, die eigene Dominanz zu reflektieren, sie in bestimmten Situationen als passend oder eben unpassend zu identifizieren und das Kommunikationsverhalten darauf abzustimmen. In Führungstrainings verhalten sich in Rollenspielen viele Führungskräfte sehr aktiv und direktiv und nehmen die überwiegende Zeit für sich in Anspruch. In der Reflexionsphase wird aber sehr deutlich, dass in der Zeit, in welcher Führungskräfte selbst reden, sie absolut nichts von den MitarbeiterInnen erfahren. Wenn es also ein Ziel ist, einiges auch von den MitarbeiterInnen im MAG zu erfahren, dann heißt dies auch sehr klar, sich entsprechend zurückzunehmen, sehr bewusst zu schweigen und aktiv zuzuhören.

Neben der inhaltlichen Vorbereitung auf das MAG ist auf der Beziehungsebene die Einstimmung auf die Gesprächsführung wichtig. Empfängerorientierung und Reversibilität sind dazu die Schlagworte in den Lehrbüchern. Konzentrieren Sie sich auf den Empfänger, sonst schaffen Sie es kaum, aktiv zuzuhören. Sprechen Sie so, wie auch mit Ihnen gesprochen werden soll.

Die in vielen Betrieben als Routine inszenierten Mitarbeitergespräche sind wenig sinnvoll; erfolgreich sind sie eher dann, wenn sie als kleine philosophische Praxis gestaltet und erlebt werden können: Wenn die MitarbeiterInnen nach dem Gespräch wieder genau wissen, *warum* sie ihre Arbeit machen und gerade sie in diesem Unternehmen wichtig und wertvoll sind.

Moderation

Übernehmen Sie in manchen Gesprächen und Besprechungen bewusst die Rolle des Moderators oder der Moderatorin? Wenn ja, dann haben Sie mit der Anwendung des klassischen Moderationswerkzeugs bestimmt sehr gute Erfahrungen gemacht. Sind Sie noch unsicher sind im Umgang mit dieser Methode, dann lernen Sie dieses so wirksame Tool zur Gesprächssteuerung und zur Entscheidungsfindung und seine Vorteile doch kennen.
Die Rolle von Fernseh- oder RadiomoderatorInnen ist bekannt; oft hat diese nur wenig mit der Funktion der Gesprächsmoderation zu tun. Moderat vorgehen bedeutet ja, eher bedächtig, vieles beachtend und nicht zu schnell unterwegs zu sein, da man ja Wichtiges nicht übersehen darf. Darin besteht auch der große Vorteil der Moderationsmethode: Alle sind beteiligt, alle Beiträge sind gleich wichtig, alle Entscheidungsprozesse sind transparent und von allen nachvollziehbar und gemeinsam getragen.
Die Moderation wird auch als visualisierte Diskussion bezeichnet und hat eine Ablaufstruktur, den so genannten Moderationszyklus. Diese Struktur ist nicht immer zwingend, auch einzelne Teile daraus sind je nach Bedarf sinnvoll einsetzbar.
Wenn Sie als Führungskraft in einer Besprechung in die Moderatorenrolle wechseln oder überhaupt ein Gespräch als Moderationsablauf vorbereiten, machen Sie sich folgende Punkte klar:

- Als Moderator sind Sie vor allem Experte in einer bestimmten Form der methodischen Gestaltung des Gesprächs bzw. der Entscheidungsfindung.

- Sie tragen weniger Verantwortung für die inhaltliche Dimension; Sie sind vielmehr zuständig für die Prozess- und Ablaufsteuerung.
- Sie sichern die Kommunikations- und Arbeitsfähigkeit in der Gruppe, unterstützen alle Mitglieder bei der eigenverantwortlichen Auseinandersetzung mit einem Thema und führen das Team damit zu Ergebnissen, die akzeptiert und mitgetragen werden.

Zentrales Element jeder Moderation sind die TeilnehmerInnen; sie sind dort abzuholen, wo sie gerade stehen. Neben dem Kennenlernen und gegenseitigem Vertrauen ist der vergleichbare Informationsstand eine wichtige Voraussetzung für erfolgreiche Moderationsarbeit. Nach der Eröffnung und Themenvorstellung gilt es, die Erwartungen abzuklären und Spielregeln zu vereinbaren, ein Ziel zu formulieren, die Methodik zu besprechen und damit Sicherheit zu vermitteln. Zielgerichtete Fragen ermöglichen die Themensammlung; auf Moderationskarten werden die unterschiedlichen Schwerpunkte gesammelt und geordnet; danach wird eine Themenauswahl getroffen; eine Punkteabfrage erübrigt langwierige Diskussionen und führt zu einem von allen akzeptierten Ergebnis über die Prioritäten. Nach der Themenreihung geht es in die Bearbeitungsphase der einzelnen Themen, hier können einzelne Aspekte eines Themenschwerpunktes in unterschiedlichen Arbeitsgruppen behandelt werden und danach dem Plenum präsentiert werden. Als Ergebnis werden Maßnahmen vorgeschlagen und eventuell ebenfalls mit Punkteabfrage bewertet und danach ein Maßnahmenplan erarbeitet. Offene Fragen, nachvollziehbare Visualisierungen und gemeinsam erarbeitete Ergebnisse schaffen Zufriedenheit und wirken sehr motivierend.

Motivation

Oft verglimmen die gewaltigen Kräfte,
weil kein Wind sie anbläst!
J. Gotthelf

Ein Zauberwort jeglicher Führungsthematik: Motivation. Ob im Sport, in der Schule, im Betrieb; immer wenn es um Leistung oder das Erreichen von Zielen geht, drängt sich die Frage der Motivation auf. Wie kann man Menschen zu etwas motivieren? Muss denn nicht jeder sich selbst motivieren? Sind nicht Motive zu tief in der Persönlichkeit verankert, als dass man sie erkennen und instrumentalisieren könnte? Die Geschichte der Menschheit insgesamt kann als Motivationsgeschichte begriffen werden; welche (politische/religiöse) Führungsgestalten haben mit welchen Ideen Menschen motiviert, ihnen zu folgen?
Eine Tatsache kann durch einen kurzen Rückblick in die eigene Lebensgeschichte wohl jeder bestätigen: Druck, Angst und Zwang hatten wohl selten motivierende Wirkung, auch wenn diese zunächst zu einem Ergebnis geführt haben; eine nachhaltige Verhaltensänderung hat sich dadurch meist nicht ergeben. Wenn der Zwang nicht mehr ausgeübt wurde, war auch das dadurch erzwungene Verhalten nicht mehr präsent; ganz im Gegenteil führte Zwang meist zu kreativen Plänen, dem Zwang zu entkommen. Im Führungsalltag können wir uns also verabschieden von scheinbar motivierenden Impulsen, die als Zwang erlebt werden, von angstmachenden Informationen und Drohungen, von angekündigtem oder ausgeübtem Druck. Wir wissen aus eigener Erfahrung, wie demotivierend dies wirkt.
In der Psychologie gibt eine eigene thematische Spezialdisziplin, die sich mit all diesen Fragen beschäftigt: die Motivationspsy-

chologie. Der international anerkannte Fachmann und laut der Zeitschrift *DER SPIEGEL* Deutschlands meistgelesener Managementautor in all diesen praktischen betrieblichen Auswirkungen von Motivation und Führung, Reinhard K. Sprenger, bringt nach vielen facheinschlägigen Studien und Publikationen die wichtigste Regel mit dieser Forderung auf den Punkt:

Die einfachste und wirksamste Art, Menschen zu motivieren besteht darin, *alles zu unterlassen, was sie demotivieren könnte.* Selbstverständlich kann man lehrbuchhaft Unterscheidungen vornehmen und Bedürfnistheorien oder Erwartungstheorien als Grundlage diskutieren, intrinsische und extrinsische Faktoren anführen, aber in der Praxis stehen Sie vor dem unlösbaren Problem der individuell unbegrenzten Vielfalt von Bedürfnissen, dem nicht feststellbaren und nachvollziehbaren Mischverhältnis von inneren und äußeren Einflussfaktoren und der schon gar nicht prognostizierbaren Wirkung des sozialen und kulturellen Einflusses.

Also zurück zum Anfang: Was hat Sie persönlich motiviert? Welche Gesten, welche Worte anderer Menschen in Ihrer Umgebung haben Sie angespornt etwas zu tun – oder zu unterlassen? Eine Aussage werden Sie aus Ihrer Erfahrung bestätigen können und als allgemein gültiges Prinzip akzeptieren können: Sehr motivierend wirkt Anerkennung. Erfolg wirkt motivierend, Erfolg muss aber auch erst anerkannt werden. Anerkennung kennt viele Formen, finanzielle und nicht finanzielle, ein ausgesprochenes Lob, Auszeichnungen für besondere Verdienste, ein vom Unternehmen bezahltes Weiterbildungsprogramm.

Anerkennung spüren MitarbeiterInnen aber nicht nur in materiellen oder symbolischen Zuwendungen, sondern vor allem in der alltäglichen Begegnung, im einfachen Gespräch. Jede Interaktion kann auf der inhaltlichen Ebene anerkennend sein, auf der Beziehungsebene ist sie anerkennend zu gestalten.

Neid

Um Neid ist keiner zu beneiden.
W. Busch

Eine Hundertstelsekunde liegt der Viertschnellste hinter dem Gewinner der Bronzemedaille, der Kollege fährt schon wieder ein neues Modell in der modernsten Ausstattungsvariante, die Nachbarn im dritten Stock lassen schon wieder die Küche erneuern, die Kollegin aus der Nachbarabteilung ist nach nur zwei Dienstjahren schon befördert worden – da scheint es doch ganz normal zu sein, dass kurz Neidgefühle aufkommen, oder? Ein Radiosprecher hat in einem Bericht über die Beach-Volleyball-Weltmeisterschaft berichtet, dass vom österreichischen Team nicht Gold verloren wurde, sondern Silber gewonnen wurde. Kein Neid auf die brasilianischen Sieger; zugleich gab die sozialdemokratische Partei den Slogan für die Nationalratswahl im Herbst 2017 aus: *Holen Sie sich, was Ihnen zusteht.*
Rivalität und Neid gehören zu jenen Gefühlen, die tief in uns eingeschrieben sind und für unser Überleben auch eine wichtige Funktion erfüllen; schon Kleinkinder haben Spaß und Freude daran, wenn sie besser oder schneller sind als andere. Die so genannte Wettbewerbsgesellschaft scheint diese emotionalen Teile des Menschen aber einseitig zu bevorzugen, sodass der soziale Ausgleich gefährdet scheint; viele diagnostizieren insgesamt schon eine Neidgesellschaft und Rivalität und die mit Neid oft stark verbundenen Gefühle wie Hohn, Missgunst, Misstrauen, Feindseligkeit, Schadenfreude oder gar Hass haben starken Einfluss auf die alltäglichen Interaktionen – auch im Betrieb – und müssen ernst genommen werden. Diese Gefühle richten sich als Verhaltensdisposition gegen andere Menschen oder

Gruppen und sind in der Tatsache begründet, dass dem Neider etwas (eine Eigenschaft, ein Erfolg, ein Besitz) nicht zugänglich ist. Aus dem Vergleich mit anderen resultiert ein Gefühl der Unterlegenheit oder der Minderwertigkeit. In traditionellen religiösen Lehren wird der Neid zu den sieben Hauptsünden gezählt, weil er das zwischenmenschliche Zusammenleben enorm stört. Wenn im Führungsalltag Phänomene wahrnehmbar werden, welche auf Neid und Missgunst hinweisen, dann sind diese Zeichen als Hinweise auf mögliche Ausprägungen von Ungerechtigkeiten zu prüfen. Neid ist ein Gefühl, das sich vor allem in sozialer Nähe sehr deutlich zeigt, weil der direkte Vergleich möglich ist; wir sind kaum jemandem etwas neidig, wenn er tausende Kilometer entfernt ist; Neid tritt zwischen Personen, die sich sehr nahe sind auf und gründet nicht in absoluten oder objektiven Unterschieden, sondern fast ausschließlich in der subjektiven Wahrnehmung. Wenn Menschen im Betrieb sich vergleichen und Unterschiede in materiellen (Löhne, Gehälter, Zulagen, Firmenwagen, größere Büroräume usw.) wie in immateriellen Belangen (Fähigkeiten, Weiterbildungen, Tagungsteilnahmen, Beziehungen, Erfolge usw.) feststellen, dann braucht es eine klare Orientierung, worauf diese Unterschiede gründen. Ob am Arbeitsplatz oder im Team Neidgefühle entstehen oder nicht, hängt ganz entscheidend davon ab, ob mit diesen Ungleichheiten in der Wahrnehmung der MitarbeiterInnen ein Gefühl entsteht, dass sie ungerecht behandelt würden. Werden die Vorzüge anderer von dem Gefühl begleitet, selbst ungerecht behandelt zu werden, dann entsteht Neid. Da sehr viele Prozesse, Leistungen und Ergebnisse in der Arbeitswelt nicht direkt und objektiv messbar sind, ist eine permanente offene und ehrliche Kommunikation über Grundlagen und Legitimität von Ungleichheiten notwendig, damit diese nicht als Ungerechtigkeiten empfunden werden.

Nein-Sagen

Ein klares NEIN zu anderen ist oft nichts anderes
als ein selbstbestimmtes JA zu sich selbst!
F. Wagner

Weil wir selber noch nicht in der Lage waren, unsere Grenzen realistisch einzuschätzen und die Gefahren zu erkennen, haben wir in der Kindheit ganz oft das ‚Nein' der Eltern zur Kenntnis nehmen müssen und nicht selten haben wir durch eigene Erfahrungen – die manchmal auch mit Schmerzen verbunden waren – die Richtigkeit solcher Warnungen und Hinweise bestätigt. Warum fällt es und heute eher schwer, die Grenzziehungen zu unserem eigenen Schutz in *Eigenverantwortung* vorzunehmen? Uns abzugrenzen von Bedrohungen, die aus Überlastung, Zeitdieben und Ablenkungen bestehen? Höflichkeit, Solidarität, Kooperationsbereitschaft, Hilfsbereitschaft und Selbstlosigkeit sind die Fallen, in die wir oft tappen und hinterher in uns das Gefühl entstehen lassen, die Zeit verschwendet zu haben, ausgenutzt worden zu sein oder die eigenen Bedürfnisse und Prioritäten vernachlässigt zu haben. Wir fühlen uns sehr häufig den anderen gegenüber verpflichtet oder gar in der Schuld, es ist auch sehr verlockend und bedient das Selbstwertgefühl, wenn man sich wichtig und unentbehrlich bei einer Aufgabe fühlen kann. Wenn dazu auch noch eine gewisse Angst kommt, andere zu verletzen oder zu enttäuschen, dann steigt die Wahrscheinlichkeit, immer mehr Aufgaben zu übernehmen, sich wegen mangelnder Abgrenzung immer weiter in ein Zeit- und Prioritätenproblem zu verstricken.

Wenn wir lernen, uns rechtzeitig mit einem höflichen, selbstbewussten und inhaltlich klar kommunizierten *NEIN* abzugrenzen, dann schaffen wir uns jenen Freiraum, in dem wir die eigenen Aufgaben ohne Druck und Stress erledigen können. Dabei ist es wichtig, sich nicht zu entschuldigen, keine langen Erklärungen und Ausreden sich zurechtzulegen, sondern klipp und klar eine Entscheidung bekannt zu geben. Der Philosoph Nietzsche zählt ein *Nein* sogar zur Rezeptur des persönlichen Glücks: ,Formel meines Glücks: ein Ja, ein Nein, eine gerade Linie, ein Ziel'.

Die Entscheidung, etwas nicht zu tun, ist genauso mit Konsequenzen verbunden wie die Entscheidung für eine bestimmte Handlung. In der sehr breit im Selbstbild verankerten Führungsverantwortlichkeit fühlen sich Führungskräfte sehr schnell für sehr viele Bereiche verantwortlich oder zumindest mitverantwortlich und lassen sich auf zusätzliche Aufgaben ein, ohne sich vorher Zeit zu nehmen und sich ernsthaft mit der Frage auseinanderzusetzen: Ist dies wirklich ein Problem, das mein Engagement erfordert? Was würde geschehen, wenn ich nicht aktiv werde? Inwiefern ist es überhaupt mein Problem und warum genau bin ich wofür zuständig?

Das im richtigen Moment angewandte Nein-Sagen ist ein sehr wirksames Werkzeug, um sich Zeit für das Wesentliche zu schaffen und privat wie beruflich mehr Ausgeglichenheit zu genießen. Schrittweise kann diese Abgrenzung nach außen, die inhaltlich als achtsamer Umgang mit den eigenen Energie- und Zeitressourcen verstanden werden kann, auch gelernt werden:

- Gehen Sie nur Verpflichtungen ein, die Sie auch einhalten können; prüfen Sie Ihre Zeitkontingente, bevor Sie eine Zusage machen; erbitten Sie eventuell auch Bedenkzeit.
- Verlassen Sie sich auf Ihre Intuition; wenn Ihr Bauchgefühl sagt ,eher nicht', dann sagen Sie auch ,Nein'!
- Erstellen Sie eine Liste mit Aktivitäten, die Sie schon lange aufschieben und schauen Sie darauf, bevor Sie eine weitere Zusage machen!

Optimismus

Sobald ein Optimist ein Licht erblickt,
findet sich ein Pessimist, der es wieder ausbläst!
G. Guareschi

Optimismus ist die Fähigkeit, sich selbst, die Welt und die zukünftige Entwicklung positiv zu sehen. Empirische Untersuchungen belegen ausreichend, dass eine optimistische Einstellung
gesundheitsfördernde, lebensverlängernde und energetisieren-
de Wirkung hat und überdies für den beruflichen und finanziellen Erfolg mitverantwortlich ist.
Eine optimistische Grundhaltung ermöglicht auch bei auftretenden Hindernissen und unvorhergesehenen Rückschlägen die
Orientierung an den Zielen und erleichtert uns, in den schwierigen Situationen auch etwas Positives zu erkennen und daraus
Konsequenzen für das Handeln zu entwickeln. Das einfachste
Optimismus-Training besteht darin, den eigenen Kommunikationsstil zu reflektieren und gegebenenfalls zu verändern. Neben
der Tatsache, dass selbstredend die Vergangenheit die Zukunft
mitgestaltet, sollten wir keineswegs übersehen, dass wir durch
die aktive und bewusste – auch sprachliche – Gestaltung der
Gegenwart nicht unerheblichen Einfluss auf zukünftige Wirklichkeiten nehmen können. In der Führungskommunikation zeigt
sich dies vor allem dadurch, dass Aussagen und Formulierungen
sich vorwiegend auf jene Aspekte eines Sachverhalts beziehen,
die veränderbar sind und durch Initiativen oder gezielte Maßnahmen geändert werden können. Ein willkommenes Übungs-
feld für dieses Optimismus-Training sind zum Beispiel Teammee-
tings, in denen Sie zuerst darüber sprechen, was alles gut gelun-
gen ist und in letzter Zeit positiv zu bilanzieren war. Alle Umfra-

gen in diesem Zusammenhang weisen darauf hin, dass die Teilnehmer solcher Meetings eine höhere Zufriedenheit und Motivation aufweisen als jene, welche die Sitzungen als bloßes Abarbeiten von Tagesordnungspunkten beschrieben.

Eine intensivere Beschäftigung mit eigenen positiven Emotionen führt zu einer erhöhten Bereitschaft der Teammitglieder, sich auf beziehungsfördernde Interaktionen mit anderen einzulassen. Der anerkennende und unterstützende Stil bewirkt insgesamt eine wachsende optimistische und zuversichtliche Grundstimmung, welche die Kooperationsfähigkeit im Team stärkt. Optimismus ist nachhaltig wirksam und ist zudem ansteckend. Diese Fragen sollten also zum Beginn von Meetings gestellt werden:

- Welche Höhepunkte waren in der letzten Woche (seit der letzten Sitzung) für jeden einzelnen Mitarbeiter und für das Team zu verzeichnen?
- Welche Herausforderungen wurden (gemeinsam) gemeistert? Welche Probleme wurden gelöst?
- Worauf können wir als Team stolz sein? Worauf ist jeder Einzelne stolz?

Optimisten sehen Probleme als temporäre und beeinflussbare und überwindbare Herausforderungen, während Pessimisten die Probleme eher als normal, zufällig und wenig beeinflussbar definieren. Für Optimisten haben auch positive Ereignisse konkrete und durch menschliches Denken und Handeln beeinflussbare Ursachen.

Der pessimistischen Führungskraft kommt schon manchmal der Satz „Es kann nicht mehr schlimmer werden" über die Lippen, während die optimistische Führungskraft verständlich lächelnd darauf antwortet: „Doch, es kann…!" Und der Pessimist hat schon wieder zu befürchten, dass der Optimist Recht hat…

Organisation

In jeder Organisation gibt es eine Person, die Bescheid weiß.
Diese Person muss entdeckt und entfernt werden,
sonst kann die Organisation nicht funktionieren!
C. N. Parkinson

Um einen zentralen Aspekt dieses Stichworts hervorzuheben, begeben wir uns wieder auf Spurensuche über die ursprüngliche Bedeutung des Wortes. Wir kennen verschiedenste Organe und ihre Funktionen. Ein Organismus ist im biologischen Sinn ein funktionierendes lebendiges Naturwesen; die klassischen Merkmale sind Stoffwechsel, Wachstum und Fortpflanzung. Es geht also um etwas Lebendiges, das sich entwickelt und verändert und auf ein bestimmtes Ziel hin ausgerichtet ist. So wie wir umgangssprachlich diverse Berufe und Funktionen als ‚Organ' bezeichnen (zum Beispiel Aufsichtsorgan, Kontrollorgan), so werden allgemein Systeme als *Organismus* charakterisiert, die als einheitlich, (hierarchisch) gegliedert und auf ein Ziel orientiert verstanden werden sollen.

Die Organisation beschreibt als Begriff aber nicht nur das Endergebnis (strukturelle Aufbauperspektive), sondern ebenso die Tätigkeit des Organisierens (funktionelle Ablaufperspektive). Ein Fest, eine Betriebsfeier muss organisiert werden: es gibt ein Ziel und die verschiedenen Tätigkeiten zur Erreichen dieses Ziels sind zu koordinieren. Menschen üben diese Tätigkeiten aus und das ist die entscheidende Tatsache: Eine Organisation, also auch der Betrieb, ist ein *soziales Gebilde*; dieses Gebilde wird auch *System* genannt. Eine Organisation lebt, sie entwickelt und verändert sich – auch deshalb, weil sie in einem ständigen Austausch und in permanenter Wechselbeziehung und gegenseitiger Beeinflussung mit anderen Systemen steht. Es gibt die verschiedensten wissenschaftlichen Perspektiven auf Organisationen; spannend aus der sozialwissenschaftlichen Sicht sind die geplanten und ungeplanten, die gewollten und unbeabsichtigten Prozesse innerhalb einer Organisation, welche intern oder als Reaktion eines Impulses von außen ablaufen. Alle gesellschaftlichen Teilbereiche scheinen durchorganisiert zu sein; der bürokratische Alltag mit dem vorgezeichneten und vorgeschriebenen Ablauf hat uns voll im Griff: Von der Wiege bis zur Bahre: Formulare, Formulare... Aber eine derartige Struktur, die dauerhaft zielgerichtete Aktivitäten steuert, ermöglicht uns die Befriedigung vieler sachlich nachvollziehbarer Bedürfnisse, welche die finanziellen oder zeitlichen Ressourcen eines Einzelnen übersteigen würde.

Viele der in Führungsverantwortung liegenden Möglichkeiten der Gestaltung von organisatorischen Rahmenbedingungen tragen dazu bei, dass MitarbeiterInnen (auch) ihre persönlichen Ziele in der Organisation verwirklichen können und dadurch motivierter und engagierter kooperieren. Je größer eine Organisation, desto deutlicher und konsequenter sind den Mitarbeitern organisatorische Maßnahmen und Notwendigkeiten zu kommunizieren, denn die umfassende organisationale Struktur ist am individuellen Arbeitsplatz kaum nachvollziehbar und erlebbar; hier werden nur Kompetenzverschiebungen, Wechsel von Teammitgliedern oder Aufgabenänderungen konkret wahrgenommen. Fokussieren Sie in Führungsverantwortung auch die Bedürfnisse der Mitglieder der Organisation, nicht nur die Notwendigkeiten der Organisation, damit eine lebensfähige, zielgerichtete Entwicklung auf beiden Seiten (Personal- und Organisationsentwicklung) möglich wird. Unmittelbare Auswirkung auf das *Funktionieren* einer Organisation im betrieblichen Alltag hat das erlebte Entscheidungs- und Kommunikationsverhalten.

Personalentwicklung

*Das Wertvollste im Leben ist die Entfaltung der Persönlichkeit
und ihrer schöpferischen Kräfte!*
A. Einstein

So sehr diesem einleitenden Zitat von Einstein auch zuzustimmen ist, die Personalentwicklung (PE) umfasst mehr als nur Maßnahmen zur Förderung beruflich relevanter Kompetenzen. Eine grundsätzliche Aussage des Psychologen Kurt Lewin über das menschliche Verhalten kann dieses weitere Verständnis von PE gut begründen. Lewin beschreibt das menschliche Verhalten (und damit selbstverständlich auch das berufliche Leistungsverhalten) allgemein als Produkt aus personellen Faktoren und situativen Einflüssen aus der Umwelt. Zu den Einflussfaktoren aus der Umwelt zählen viele Wirkungselemente: KollegInnen, die zu erledigenden Aufgaben und dafür zur Verfügung stehende Mittel, das jeweilige Führungsverhalten der Vorgesetzten - und eben auch innerbetriebliche Strukturen und festgelegte Abläufe. Personalentwicklung per se gibt es nicht; es existiert kein festgelegtes Konzept. Jedes Unternehmen hat als eigenständige Organisation über die spezifischen Ziele, die konkreten Themen und Inhalte zu entscheiden und letztlich auch jene geeigneten Instrumente und Maßnahmen auszuwählen, welche der Zielerreichung dienlich sind. Klassische Weiterbildung, Beratungen, Feedbackinstrumente, Trainings, Coachings, Mentoring, Teamentwicklung, Projektmanagement bis hin zu Qualitätszirkel usw. reichen die Instrumente der PE. Die wesentlichen Informationen zur sinnvollen Navigation in der PE kommen aber aus der Klarheit definierter Ziele. Ohne diese (am besten schriftlich formulierte) Zielorientierung steigt die Gefahr von Willkür und Beliebigkeit in der PE und dann kann in Betrieben oft auf der PE-Maßnahmenebene folgende Diagnose gestellt werden: Nachdem sie ihr Ziel aus den Augen verloren hatte, verdoppelten sie ihre Anstrengungen...

Auf der Grundlage ausformulierter Ziele wird der Bedarf zur Förderung beruflicher Kompetenzen ermittelt. Dazu dienen die verschiedenen Formen von Mitarbeitergesprächen und die Vergleiche von Anforderungen und Fähigkeiten. Die besten Voraussetzungen für Motivation, Leistungsbereitschaft und Arbeitszufriedenheit liegen in einer möglichst hohen Übereinstimmung von den Anforderungen einer Tätigkeit mit den Kenntnissen und den Fähigkeiten von MitarbeiterInnen. Stimmen Person und Aufgabe in hohem Maße überein, dann werden kognitive und emotionale Herausforderungen sehr selten als Belastung empfunden.

Die Unternehmensorganisation hat sich zunächst folgende Fragen zu stellen: Was können wir gut? Wo liegen Entwicklungspotenziale? Was wollen wir erreichen? Was müssen die MitarbeiterInnen tun, wissen, können? Wo gibt es ungenutzte Fähigkeiten? Im nächsten Schritt sind Lernziele und Lerninhalte zu planen, die gefundenen Themen zu priorisieren und geeignete Instrumente und Interventionsmöglichkeiten zu identifizieren. Nach der Umsetzung in Seminaren und Trainings, durch Teamentwicklungsmaßnahmen oder Initiativen auf der Ebene der Organisationsentwicklung ist durch positive Gestaltung des Lern- und Transferklimas der langfristige Erfolg zu sichern; sehr hilfreich sind dabei von den Vorgesetzten regelmäßig geführte Transfergespräche. PE-Maßnahmen wirken auch verändernd auf die Unternehmenskultur. Werteorientierungen, Kommunikationsmuster und Arbeitshaltung werden langfristig durch sehr konkret erlebte und erfahrene Inhalte geprägt. Für Führungsverantwortliche ist die entscheidende Frage: Was brauchen meine MitarbeiterInnen, um ihre Aufgaben gut erfüllen zu können?

Positives Denken

Kein esoterisches Rezept, um sich die Welt schön zu reden oder stets lächelnd und zwanghaft gut gelaunt die Probleme einfach als Herausforderungen zu sehen nach der bekannten Regel, dass ein Glas nicht halb leer, sondern halb voll ist!

Etwas positiv zu sehen hat zunächst nichts mit der in der Alltagssprache damit verbundenen guten Bewertung zu tun. Das Wort ‚positiv' kommt aus der lateinischen Sprache. Das Verb ‚ponere' bedeutet ursprünglich setzen, stellen oder legen, auch erbauen, errichten. Sie kennen aus den vergangenen fotografischen Jahrzehnten vielleicht auch noch den Begriff Diapositiv; auch darauf war das Abbild einer Realität sichtbar. Etwas positiv sehen heißt dann einfach, das, was ist anzuerkennen, die Realität zu akzeptieren.

Die Gute-Laune-Ratgeber zum Thema ‚Positiv denken' füllen Bibliothekssäle und haben einige Autoren reich gemacht; sie haben aber auch vielen ernsthaft arbeitenden Psychologen, Therapeuten und Coaches einige Arbeit verschafft, denn eine verkürzte Verleugnungs- und Verdrängungsstrategie macht langfristig ebenso psychische Probleme. Wissenschaftliche Untersuchungen belegen heute eindeutig, dass eine optimistische Lebenshaltung auf der körperlichen wie psychischen Ebene hilfreich sein kann; bei der Bewältigung traumatischer Erlebnisse kann das zwanghaft positive Denken sich aber genauso ins Gegenteil verkehren, das haben Studien der Emory Universität, USA, ergeben. Viele seriöse Publikationen widmen sich den ak-

tuellen Problemen des ‚verordneten' positiven Denkens, welches individuelle Voraussetzungen des Denkens, des Fühlens
und Erlebens negiert und versucht, durch einengende Wahr-
nehmungsfilter Teile der rationalen und emotionalen Welt abzu-
spalten. Neben vielen anderen Autoren hat Barbara Ehrenreich,
Kolumnistin in vielen Printmedien, u.a. in der New York Times,
zu dieser Problematik publiziert. Ein bekanntes Buch von ihr
trägt den Titel: ‚Smile or die – Wie die Ideologie des positiven
Denkens die Welt verdummt'.

Der Tunnelblick der zwanghaft positiven Sichtweise erzeugt auch
eine gefährliche Intoleranz gegenüber den verschiedenen belastenden Situationen unserer Mitmenschen, da alles auf ein individuelles Verhältnis zu den Problemaspekten reduziert wird.
Eine ernst zu nehmende psychologische Forschungsrichtung
bemüht sich darum, jene Faktoren des menschlichen Glücks zu
identifizieren, die auch im Laufe der Sozialisation erlernt werden
können – und vielleicht auch einmal ‚Kulturtechnik' werden. Die
Positive Psychologie (bedeutend vertreten von Martin Seligman)
interessiert auch die Politik in Verbindung mit dem Bemühen,
auf die Bürger langfristig stimmungsmäßig einzuwirken. In Hei-
delberg gibt es eine Schule, an der Glück als eigenes Fach unter-
richtet wird. An der Harvard Universität wurde 2006 die Vorle-
sung über Positive Psychologie mit ca. 900 Studenten die best-
besuchte Veranstaltung; den Hörern wurden dabei sechs Stufen
zum Glück vermittelt. Negative Gedanken und Emotionen sind
normal und nützlich. Bei Angstgefühlen (zum Beispiel vor Prü-
fungen oder wichtigen Auftritten), ist es wenig hilfreich, sich zu
bemühen, alles positiv zu sehen. Hilfreich ist es in solchen Situationen, viele der möglichen Problemsituationen bewusst durch-
zuspielen, dadurch erlangt man Kontrolle, fühlt sich stärker und
selbstbewusster. Als Motto beim reflektierten positiven Denken
kann also gelten: Mit der Realität auf Augenhöhe.

Präsentationen

Die Tiefe muss man verstecken.
Wo? An der Oberfläche...
H. V. Hofmannsthal

Zum Thema ‚Erfolgreich und wirksam Präsentieren' haben Sie bereits unzählige Informationen, Tipps und Hinweise in Ihren Unterlagen und Sie haben sicher auch schon Präsentationserfahrungen. Sehr oft wird bei den Empfehlungen der Schwerpunkt auf die Gestaltung der Hilfsmittel für die Präsentation gelegt, der noch viel bedeutendere Aspekt für die Wirkung einer Präsentation beim Publikum ist die Person bzw. die Persönlichkeit des Präsentierenden. Die kommunikative Regel ist bekannt: the *medium is the message*. Sie als Person wirken auf der sprachlichen (verbalen) wie auf der körpersprachlichen (nonverbalen) Ebene auf die Zuhörer und wirken durch die Art Ihres Daseins, durch Ihre Art zu sprechen, dadurch, wie Sie sich vor dem Publikum und zum Publikum verhalten – und vor allem auch dadurch, wie Sie mit sich selbst umgehen. Die wichtigsten zwei Brücken zum Publikum sind: Blickkontakt und Körperhaltung.

Der Blickkontakt ist die wesentliche Verbindung mit den Menschen, zu denen Sie sprechen und die Sie ansprechen wollen; richten Sie deshalb ihren Blick so wenig wie möglich auf die Hilfsmittel. Die Hilfsmittel sind Hilfsmittel für das Publikum! Diese banale Tatsache wird bei Präsentationsvorbereitungen oft ins Gegenteil verkehrt und Präsentierende verlassen sich auf die Hilfsmittel, statt sich inhaltlich und von der Dramaturgie her entsprechend vorzubereiten. Denken Sie an die Nachrichtensprecher und die verstörende Wirkung, die davon ausgeht, wenn diese in die falsche Kamera schauen und deshalb kein Blickkontakt hergestellt werden kann. Die Körperhaltung als Zeichen der Zuwendung zum Publikum funktioniert nach einer einfachen Regel: Nabel und Nase zeigen im Idealfall immer in dieselbe Richtung. So empfindet der Gesprächspartner dies als wertschätzende, offene und vertrauensvolle Zuwendung. Je weiter die Richtungen von Nase und Nabel auseinanderklaffen, desto herablassender und distanzierter wirkt die Körpersprache.

Achten Sie ebenso auf eine offene und aktive Gestik; die Hände symbolisieren Aktivität. Unterstreichen Sie wichtige Aussagen mit entsprechenden Bewegungen, mit passender Satzmelodie und eventuell einem Schritt nach vorne und stehen Sie sonst gut geerdet, mit beiden Beinen fest und sicher. Jede Präsentation ist so gut wie ihre Vorbereitung. Die wichtigste Überlegung betrifft das Ziel der Präsentation: Was will ich mit meiner Präsentation erreichen? Will ich informieren, unterweisen, überzeugen oder gar jemanden zu einer (Kauf-)Handlung motivieren? Das Ziel bestimmt Mittel, Werkzeuge und Methoden, die wirkungsvoll einzusetzen sind.

Entscheidend sind Anfang und Ende einer Präsentation, nehmen Sie sich bei der Vorbereitung dafür ausreichend Zeit. Wie heißt es so passend in einer Redewendung: *Der erste Eindruck zählt, der letzte Eindruck bleibt.* Legen Sie deshalb besonderen Wert auf einen zum Thema passenden und einladenden Einstieg und einen Höhepunkt bzw. Schluss, der in Erinnerung bleibt und ‚nachwirkt'. Ein Bild sagt mehr als tausend Worte, setzen Sie die Visualisierung wirksam ein. Bei einer sonst sehr gelungenen Präsentation über Motivationsfragen habe ich Folgendes beobachtet: Als Abschluss der Präsentation und gleichsam als Zusammenfassung der wichtigsten Botschaft war ein sehr emotionales und thematisch passendes Bild zu sehen. Hier hätte Schluss sein müssen, der Referent machte den Fehler, das Bild ausführlich zu erklären und zerstörte damit die Gesamtwirkung.

Prioritäten

Prioritäten setzen heißt,
entscheiden, was liegen bleiben soll.
H. Nahr

Sie kennen aus Ihrem Arbeitsalltag das Gefühl (und den damit verbundenen leichten oder auch größeren Ärger), dass Sie zu viel Zeit für relativ unwichtige Aufgaben verwenden, dass Sie aufgehalten werden und damit zu wenig Zeit für die wichtigen Dinge haben. Noch dazu bestätigen Umfragen, dass in allen Bereichen immer mehr Aufgaben zu bewältigen und zu erledigen sind und die Zeit dafür aber immer weniger zu werden scheint und die Unzufriedenheit damit automatisch steigt. Die Konsequenzen daraus: es fehlt die Energie für das Wesentliche, die Qualität sinkt, die Motivation wird in Frage gestellt. Im Alltag tappen wir sehr leicht in die so genannte Dringlichkeitsfalle, weil die meisten der anfallenden Aufgaben möglichst schon erledigt sein sollten; der Terminkalender quillt über und die Einsicht, dass nicht alle Aufgaben erledigt werden können, wächst mit einer eher resignativen Reserviertheit.

Die wesentliche Orientierung in Priorisierungsfragen bieten die festgelegten Ziele, ausgenommen akute Notfälle, welche die Prioritäten natürlich verschieben. Ziele sind zum Teil von außen vorgegeben und in Übereinstimmung mit den individuellen Zielen zu bringen, welche naturgemäß sehr variieren können. Die wichtigen Ziele beinhalten eine Definition oder Beschreibung von ganz zentralen Aufgaben, deren zufriedenstellende Erledigung bedeutend und damit unerlässlich ist für das Überleben, für den wirtschaftlichen, finanziellen oder persönlichen Erfolg. Es geht also zunächst darum, jene Bereiche und Aufgaben zu identi-

fizieren, welche einen Beitrag für die so genannten Vitalfunktionen leisten. Entlang dieser benannten Funktionen und Aufgaben ist es sinnvoll möglich, anstehende Aufgaben und Tätigkeiten zu priorisieren. Der italienische Ökonom und Soziologe Vilfredo Pareto hat nach umfangreichen Studien und Analysen in seinen Darstellungen sehr überzeugend argumentiert, dass nur wenige Aufgaben, mit denen wir uns beschäftigen, tatsächlich von Bedeutung und wichtig sind. Das formelhafte Ergebnis ist als Pareto-Prinzip bekannt: die 80:20–Regel. Wenn wir uns im Arbeitsalltag vorwiegend den wichtigen Aufgaben widmen können, dann schaffen wir in 20 Prozent der dafür benötigten Zeit bereits 80 Prozent des gewünschten Ergebnisses; in den restlichen 80 Prozent der Zeitressourcen werden nur mehr 20 Prozent Ergebnisbeitrag geleistet. Auf 20 Prozent der Buch- oder Zeitschriftenseiten stehen 80 Prozent der wesentlichen Informationen; 20 Prozent der Kunden bringen 80 Prozent des Umsatzes; die Regel scheint für viele Lebensbereiche zu gelten. Hilfreich bei der Priorisierung von Aufgaben ist auch die ABC-Analyse; sehr wichtige Aufgaben (mit ca. zwei Drittel Anteil am Ergebnis) erhalten die Priorität A; wichtige Aufgaben (mit ca. einem Fünftel Anteil) die Priorität B und weniger wichtige Aufgaben die Priorität C. Eine große Herausforderung besteht darin, einen schon verplanten Tag nach aktuellen Vorkommnissen neu zu priorisieren; ein Tipp: Verplanen Sie maximal 70 Prozent eines Tages, damit Sie immer Zeitreserven für nicht planbare Ereignisse haben. Unterscheiden Sie konsequent zwischen Wichtigkeit und Dringlichkeit; das am lautesten quietschende Rad verleitet dazu, bei diesem mit der Arbeit zu beginnen, damit sind Sie ständig mit dringenden Aufgaben beschäftigt und Wichtiges bleibt oft liegen. Im Entscheidungsfall kommen Sie mit einer ehrlichen Antwort auf eine sehr einfache Frage zu Ihren persönlichen Prioritäten:
Welche Tätigkeit bringt mich meinen Zielen näher?

Problemlösung

Das Problem ist eine
Gelegenheit in Arbeitskleidung.
H. J. Kaiser

Viele Probleme haben wir gelöst; viel mehr Probleme haben wir neu geschaffen und ein kurzer Moment der Besinnung für eine umfassende allgemeine Zwischenbilanz könnte zum Ergebnis führen, dass die Lösungskompetenz nicht linear mit der Zahl der anstehenden Probleme gewachsen ist. Schulungsmöglichkeiten und Trainings für Problemlösungskompetenzen auf verschiedenen Gebieten und Niveaus gibt es an Hochschulen, bei firmeninternen Veranstaltungen wie in der freien Erwachsenenbildung. Probleme rechtzeitig zu erkennen, sie zu identifizieren und auf der Grundlage logischer Verknüpfungen und einschlägiger Erfahrungen entsprechend bearbeiten zu können, ist eine wesentliche Voraussetzung für den wirtschaftlichen Erfolg. Tagtäglich sind MitarbeiterInnen und Führungskräfte damit beschäftigt, selbständig und eigenverantwortlich Probleme zu lösen. Aus der griechischen Mythologie ist dieses Problem (diese Frage, dieses Rätsel) bekannt: Was geht morgens auf vier, mittags auf zwei und abends auf drei Beinen? Ödipus war in der Lage, dieses Problem zu lösen, indem er erkannte, dass die Tageszeiten als Metapher für Lebensabschnitte stehen und mit dem dritten Bein am Lebensabend wohl der Gehstock gemeint war.

Fähigkeiten zur Problemlösung werden vor allem in einer problem- und handlungsorientierten Lernatmosphäre entwickelt, in welcher sich Denken, Wissen und Können aus der reflektierten Wahrnehmung und dem praktischen Handeln heraus verknüpfen und diese Erfahrungen sich modellhaft wieder in der Praxis bewähren müssen. Diese modellhafte Übertragung von Erfahrung, Wissen und Können auf neue Situationen ist eine hervorragende menschliche Fähigkeit, welche auch ermöglicht, nicht nur automatisch auf äußere Gegebenheiten und Einflussfaktoren zu reagieren, sondern auch Informationen, Wahrnehmungen und Situationen umzudeuten, neu zu bewerten und zielgerichtet zu verändern.

Problemlösekompetenz zeichnet sich dadurch aus, dass Mitarbeiter in der Lage sind, immer wieder gedanklich und planerisch neue Wege zu beschreiten, neue Handlungsmuster zu generieren, wenn für eine Problemstellung kein vorgefertigtes Lösungskonzept aus irgendwelchen Speichern (zum Beispiel Gedächtnis) abrufbar ist. Diese Fähigkeiten können trainiert werden in Lernsituationen, in welchen folgende Leistungen gefördert werden: Erkennen von Zusammenhängen, Gestaltung und Modellierung von Handlungssituationen, Übertragung und Veränderung bewährter Interventionen auf neue Situationen und Reflexion und Bewertung von situativen Voraussetzungen und adäquaten praktischen Plänen im Hinblick auf die erstrebenswerten Wirkungen oder weniger zielführenden Effekte.

Problemstellungen werden schwieriger und aufwändiger, wenn der Problemraum schlecht definiert ist. Bei Schulaufgaben haben wir meist ein gut definiertes Problem vor uns und es gibt einen eindeutig logischen Weg zur Lösung. Aber lösen Sie übungsmäßig einmal den Hunger in der Welt!

Im Berufsalltag stehen viele Aufgaben an, vor deren Bearbeitung Sie sich folgende Frage stellen sollten: Was genau ist das Problem? Wessen Problem ist es eigentlich? Gehen Sie dem Handlungs- und Verantwortungsimperativ, den Führungskräfte so oft (und manchmal auch gerne) spüren, nicht in die Falle und definieren Sie nicht jedes Problem als Ihr Problem. Viele Probleme sind deshalb Probleme, weil wir sie als solche definieren.

Qualität

Quantität lässt sich zählen –
Qualität zählt!
L. Schmidt

Qualität hat ihren Preis; Qualität und Quantität stehen oft wie zwei polare Ausprägungen in widersprüchlichem Verhältnis. Qualität selbst wird als Begriff in den verschiedensten Dimensionen wirksam: Produktqualität, Unterrichtsqualität, Qualität der Nahrungsmittel, Qualität von Städten und Regionen, Qualität der medizinischen Versorgung bis hin zu allgemeiner Lebensqualität. Wenn etwas – ein Produkt oder eine Leistung – qualitativ hochwertig ist, von welcher Beschaffenheit ist es dann? Welche Merkmale gehören zwingend dazu? Macht es unter den Bedingungen der zunehmenden Globalisierung, des wachsenden Konkurrenzdrucks, der raschen Innovationen und der damit verbundenen stark verkürzten Produktzyklen überhaupt Sinn, auf Qualität zu setzen? Die Experten sind sich einig: ja, es macht Sinn. Qualität hat auch eine starke immaterielle Komponente bis hin zu emotionalen Faktoren; KundInnen kaufen nicht nur eine Ware, KundInnen erleben den Kauf als Gesamtatmosphäre. Akzeptable Preise, tolles Service und gute Produktqualität tragen bei zur Kundenbindung und eine loyale Kundenschaft ist eine gute Basis für ein erfolgreiches Unternehmen. Gibt es Qualitätsprobleme, steht das Vertrauen in ein Produkt oder dem Unternehmen gegenüber auf dem Spiel. Erinnern Sie sich an den Elch-Test von Mercedes oder waren Sie selbst vielleicht schon von einer Rückrufaktion der Automobilbranche betroffen? Die klassischen Erfolgsfaktoren waren bislang Kosten, Zeit und Qualität. Viele Initiativen der Unternehmenssteuerung bezogen sich auf den Kostenfaktor und die Preisgestaltung, auf der technologischen Ebene war die Reduzierung des Zeitaufwands Ziel zahlreicher Maßnahmen und Innovationen und Qualitätsverbesserungen (zum Beispiel Total Quality Management) sind in letzter Zeit im Vordergrund. Trotz schwer fassbarer Werte hinter dem Qualitätsbegriff wirkt dieser als Wettbewerbs- und Erfolgsfaktor; es reicht aber eben nicht mehr, nur hochwertige Produktqualität zu generieren. Es geht im Sinne eines Vertrauensverhältnisses um umfassende Serviceaspekte, um eine generelle Zuverlässigkeit, um wahrnehmbare Verantwortung für Natur und Umwelt; Qualitätsmanagement wird so zu einer umfassenden Aufgabe in Richtung Unternehmensqualität, da nicht nur Vorschriften und Forderungen erfüllt werden, sondern Maßnahmen zur Optimierung aller Aktivitäten und Verantwortungsbereiche des Unternehmens ergriffen werden.

Allein mangelhafte Produktqualität erhöht einige Risikofaktoren; Planungsfehler, mangelnde Kontrolle über Abläufe und Kommunikationsprozesse, fehlende Motivation und Verantwortung sind beteiligt am Misserfolg. 1996 hatte die Opel AG einen Reklamationsverlust von 700 Millionen D-Mark wegen Brandgefahr beim Betanken eines Modells zu verzeichnen und ein Unfall mit Todesfolge hatte in den USA (1986) für Audi große Konsequenzen: in der Öffentlichkeit entstand der Eindruck, dass Audi-Modelle nicht sicher sind. Audi überprüfte daraufhin 900.000 Fahrzeuge; es war kein technischer Defekt nachweisbar, aber es dauerte etwa 15 Jahre, bis Audi wieder eine vergleichbare Marktstellung erreichen konnte. Qualität hat also mit dem *WIE* zu tun. Führungsaufgaben beziehen sich auf die Inhalte, auf das *WAS* und Führungskompetenzen beziehen sich auf das *WIE*, auf die Art und Weise, wie Sie kommunizieren, wie Sie Entscheidungen treffen. Sie arbeiten vorbildlich an Ihrer Führungsqualität, indem Sie in nächster Zeit mehr auf die Qualität Ihrer Gespräche achten.

Rhetorik

Dichter werden geboren,
Redner werden gemacht!
Cicero

Nicht die tollen Reden mit langen Vorbereitungszeiten sind die großen Herausforderungen im Alltag, es sind vielmehr die täglichen Gespräche mit dem Ziel zu motivieren, zu überzeugen oder zu verkaufen. Die ,Rede' im Führungsalltag ist das informierende oder verhandelnde Gespräch, auch hier ist der Erfolg und die Wirkung von bestimmten Voraussetzungen abhängig, auch hier gelten grundlegende Gesetzmäßigkeiten, an die in wenigen Zeilen erinnert werden soll.

Rhetorik wird allgemein definiert als die Kunst der freien Rede. Nutzen Sie also jede Gelegenheit, um ohne jegliche Hilfsmittel frei zu sprechen. Sie werden zunächst viele Unsicherheiten spüren: die Angst, den roten Faden zu verlieren, die Angst vor dem Publikum, die Angst, die richtigen Worte zu finden – in diesen Ängsten und Unsicherheiten begegnen Sie immer wieder sich selbst. Bei allen Übungen ist ehrliches Feedback wichtig; Sie müssen wissen, wie Sie auf andere wirken. Rhetoriktrainings sind zuallererst Trainings in Richtung Persönlichkeitsentwicklung. Sichere Haltung, ruhige Atmung, guter Blickkontakt, fundiertes Wissen über das, worüber Sie reden. Bewusst eingesetzte körpersprachliche Signale und die Beachtung der kommunikativen Regel, dass neben der Sachebene (von Kopf zu Kopf) auch die Beziehungsebene (von Herz zu Herz) eine tragende, wenn nicht sogar die wichtigste Rolle spielt, sind entscheidende Punkte für erfolgreiche Reden. Die Lehrer in der Antike bezeichneten einen guten Redner auch als *vir bonus*, also als eine Art Ehrenmann, ein Mensch mit guter Gesinnung. Die Klassiker der antiken Redeschulung (z.b. Demosthenes, Aristoteles, Sokrates, Cicero) nennen folgende Kriterien für eine wirksame Rede:

- delectare (Beeinflussung durch Wohlwollen und Freude)
- docere (Beeinflussung durch Information / Argumente)
- movere (Beeinflussung durch Emotion / Aktivierung)

Erinnern Sie sich an die Standardgliederungen der ersten Aufsätze in der Schule: Einleitung, Hauptteil, Schluss. Halten Sie sich bei Reden, mögen diese noch so kurz sein, an diese Struktur und die Rede wird gelingen: Wecken Sie zunächst das Interesse, lenken Sie die Aufmerksamkeit auf die Punkte, die für Sie wichtig sind und erzeugen Sie Verständnis dafür. Stellen Sie danach das Thema sachlich dar mit den dafür nötigen Hintergrundinformationen und gliedern Sie nachvollziehbar. Informieren Sie über Ihre Thesen und Überlegungen, entwickeln Sie Schlussfolgerungen, fassen Sie Wesentliches zusammen und formulieren Sie Konsequenzen oder das Thema bzw. das Anliegen unterstützende Vorschläge und Aktionen. Aristoteles nennt drei Faktoren einer wirkungsvollen Rede: Logos, Ethos und Pathos; also Botschaft, Person des Redners und Publikum. Der Redeerfolg liegt im Charakter des Redners, in der Fähigkeit, das Publikum zu begeistern und in den Inhalten und Beweisen der Rede selbst. Machen Sie sich die Kernaussage der folgenden Redewendung bewusst: Der erste Eindruck zählt, der letzte Eindruck bleibt.

Legen Sie auf die Einleitung und den abschließenden Teil besonderen Wert und bereiten Sie sich diese beiden entscheidenden Teile besonders gut vor! Den stärksten Eindruck hinterlassen Redner immer dann, wenn sie frei reden - verzichten Sie auf ausformulierte Textunterlagen und beschränken Sie sich auf wenige Stichworte. Und haben Sie den Mut, Ihre eigenen Gefühle auszudrücken und die des Publikums anzusprechen!

Rituale

Rituale sind in Aktionen ausgedrückte Meditationen.
D. Fortune

Sie erinnern sich – vielleicht mit unterschiedlichen Gefühlen – an die letzte Weihnachtsfeier in der Firma, an das sommerliche Grillfest, an den täglichen gemeinsamen Kaffee mit einem Kollegen oder einer Kollegin, Sie haben schon an Jubiläumsfeiern teilgenommen und sind wahrscheinlich auch zu Allerheiligen zum Andenken an die verstorbenen Angehörigen auf dem Friedhof gewesen. Manchmal ist die begriffliche Abgrenzung von Ritualen zu Gewohnheiten nicht einfach, doch wir kennen alle die Bedeutung solcher Handlungsmuster und Aktivitäten zur Rhythmisierung aus unserer Kindheit; denken Sie nur an die Gute-Nacht-Geschichte oder den Gute-Nacht-Kuss, das sind Dinge, auf die nur in gut begründeten Ausnahmefällen verzichtet werden kann, oder? In Ritualen verdichten sich kulturelle und soziale Verhaltenscodes zu stark wirksamen normativen Ereignissen mit oft großen Bedeutungsinhalten. In jedem Betrieb gibt es solche Rituale, oft laufen sie unbewusst ab, haben aber für das Zusammenleben der Menschen eine stark interaktive Wirkung, vor allem auf der symbolischen Ebene.

Rituale wirken emotional und kommunikativ integrierend und haben sich offensichtlich bewährt, sonst würde es sie ja nicht mehr geben. Im Zentrum stehen aber hier nicht bekannte volkskundliche Brauchtumsrituale, akademische oder kirchliche Rituale, sondern Rituale der betrieblichen Organisation bzw. Managementrituale oder solche auf der persönlichen Ebene. In einem bestimmten Ablauf, sehr häufig auch unter Verwendung von Symbolen, werden eine bestimmte Werthaltung und eine eigene soziale Ordnung der Akteure und der Gemeinschaft sichtbar und erfahrbar. So wie das Hochzeitsritual auch eine bestimmte Form des Brückenschlags zwischen den gesellschaftlichen Regeln und dem individuellen Alltag bedeutet, so können Rituale im Arbeitsalltag das Gemeinschaftsgefühl und den Selbstwert stärken, die individuelle Verantwortlichkeit auf gemeinsam zu erreichende Ziele hin fokussieren und damit einen wesentlichen Beitrag zur Pflege und Stärkung der Unternehmenskultur leisten.

Jeder von uns hat so seine ganz persönlichen Rituale oder pflegt kleine Rituale mit seinem Büropartner, um die Selbstmotivation zu erhöhen oder die positive Stimmung zu gestalten oder zu erhalten. Wie beginnen Sie Ihren Büroalltag, wie beenden Sie ihn? Sind Ihnen aus Ihrem Verantwortungsbereich vielleicht Teamrituale zur Stärkung der Gruppenzugehörigkeit bekannt? Rituale können eine große Hilfe sein bei der Arbeitsorganisation auf der persönlichen wie auf der Teamebene. Wie stimmen Sie sich auf ein schwieriges Gespräch ein? Wie schließen Sie eine erledigte Arbeit ab? Wenn Sie ein neues Projekt starten, welche Rituale des Kennenlernens und der Vorbereitung einer guten Kooperation setzen Sie ein? Es gibt Darstellungen verschiedenster Ritualarten, von Steuerungsritualen (z.B. Pausenrituale, Strategieseminare), Wachstumsritualen (Beförderungen), Veränderungsritualen (Auszeichnungen, Kick-off-Veranstaltungen) bis hin zu Stimmungsritualen (Begrüßungsrituale, Wertschätzungsrituale). Am bedeutendsten scheinen die Motivationsrituale zu sein (Visualisierung von Erfolgen, Dank und Symbole für erbrachte Leistungen). Rituale sind auf die Bedürfnisse der Organisation und jene der Mitarbeiter abzustimmen, dann unterstützen sie Unternehmensziel und Wir-Gefühl. Setzen Sie die motivierende Kraft von internen Ritualen nicht aufs Spiel, indem Sie das Thema dem Eventmanagement überlassen!

Schlagfertigkeit

Schlagfertigkeit ist etwas,
worauf man erst 24 Stunden später kommt!
M. Twain

Spät abends, wenn Sie nach einem anstrengenden Tag nach Hause fahren und bei leiser Musik im Hintergrund über die vergangenen Stunden mit den verschiedenen Gesprächen und Sitzungen nachdenken, haben Sie sicher das eine oder andere Mal schon jenen Moment erlebt, in dem Sie plötzlich eine tolle Idee hatten oder Ihnen ein überzeugendes Argument eingefallen ist und gedacht haben: *Das* hätte mir vorher einfallen sollen! *Das* hätte ich sagen sollen, *das* hätte gepasst! Zu spät... Wir wünschen uns, im richtigen Moment die passenden Worte und Argumente abrufbereit zur Verfügung zu haben, aber ausgerechnet im Bedarfsfall bzw. in Stresssituationen gelingt uns dies nicht. Seriös und souverän wollen wir kontern und ungerechtfertigte Angriffe abwehren – allein es fehlt uns an der entsprechenden verbalen Reaktionsfähigkeit.

Der Begriff Schlagfertigkeit hat eine sehr gewalttätige, fast kriegerische Konnotation; die Fähigkeit zurückzuschlagen stammt kaum aus kooperativen und freundschaftlichen Kontexten. Es geht um einen Schutzwall, den wir uns mutig und mit passenden Worten rasch aufbauen, damit gemeine und verletzende Äußerungen sofort zurückgewiesen werden können und wir dadurch unseren Selbstwert und unsere Souveränität unter Beweis stellen. Dazu müssen wir geistesgegenwärtig die Situation und das Gesagte genau aufnehmen, kurz analysieren und darauf antworten. Dies fällt schwer, weil wir wenig Übung darin haben; wir schweigen, um den anderen nicht zu verletzen oder zu verärgern und tragen lieber den entstanden Ärger mit uns. Um ‚schlagfertig' zu reagieren, braucht es Mut und eine gewisse Fähigkeit, um rasch passende Assoziationen zu kreieren – aber nicht zu schnell, mit manchen Reaktionen punkten Sie nach einer kurzen Pause treffsicher, wenn Sie wieder die volle Aufmerksamkeit haben.

Reaktionsfähigkeit kann geübt und trainiert werden. Schreiben Sie 12 Eigenschaften auf je ein Moderationskärtchen, ziehen Sie 2 davon zufällig aus dem Stapel und finden Sie mehrere Sachen und Dinge, welche diese Eigenschaften haben (können); der Kreativität sind keine Grenzen gesetzt. Gerade in unerwarteten kritischen Gespräches- und Verhandlungssituationen profitieren Sie von der Fähigkeit, geistesgegenwärtig und gelassen auf Provokationen zu reagieren und damit zu zeigen, dass Sie Ihren Führungsanspruch und das Heft sich nicht aus der Hand nehmen lassen. Beginnen Sie mit einfachen Werkzeugen, Ihre Schlagfertigkeit zu trainieren; setzen Sie anfangs die Rückfragetechnik oder die Besser-als-Technik ein. Auf die Aussage: „Mit Ihnen kann man ja nicht reden!" können Sie zum Beispiel antworten: „Wie stellen Sie sich denn ein Gespräch zwischen uns vor?" Eine derartige Reaktion zwingt den anderen zur Klarheit in der Aussage und ermöglicht die Anschlusskommunikation. Auf „Sie haben aber eine eigene Art" können Sie reagieren: „Besser eine eigene Art als in der Masse verschwinden."

Achten Sie aber bei jeder so genannten schlagfertigen Reaktion darauf, dass die respektvolle soziale Distanz zwischen MitarbeiterInnen und Führungskraft nicht aufs Spiel gesetzt wird! Schlagfertige Reaktionen stellen keine Vernichtungsschläge dar und leisten keinem zynischen Machtmissbrauch Vorschub, sondern unterstützen die Selbstbestimmung und unterstreichen eine respektvolle Abgrenzung – im Idealfall wirken sie auf der emotionalen Ebene und auf der Ebene der Selbstbehauptung vorbildlich, humorvoll und motivierend.

Selbst- und Fremdbild

Erst wenn Sie sich von Ihrem Selbstbild lösen,
können Sie frei entscheiden,
als täten Sie es zum ersten Mal.
D. Chopra

Welches Bild haben Sie von sich selbst als Person mit Führungsaufgaben? Wie sehen Sie sich in Ihrer Rolle? Wie wollen Sie gesehen werden? Haben Sie jemals versucht herauszufinden, wie
Ihre KollegInnen Sie sehen, was diese von Ihnen halten und wie
sie über Sie reden, wenn sie miteinander Kaffee trinken? Sehen
Sie sich selbst vielleicht als einflussreicher und bestimmender
Löwe, während sie die anderen eher als umgängliches Kätzchen
sehen, das sich sofort willig nieder legt, wenn es am Hals ge-
krault wird?
Für eine gelingende Kommunikation mit der Umwelt ist es un-
umgänglich, dass Selbstbild und Fremdbild in großen Bereichen
weit übereinstimmen. Ein wesentliches Ziel jeder gesunden Persönlichkeitsentwicklung besteht darin, ein realistisches Selbstbild zu erlangen. Dazu braucht es vor allem das ehrliche und
konstruktive Feedback, um das Sie sich als Führungskraft bemühen sollen. Unmittelbar tangieren wir damit auch das Thema
Identität, denn wir werden in starkem Maße von Geburt an
durch die Signale und Impulse von außen, also von anderen gelenkt und geprägt – etwas direkter formuliert könnte auch gesagt werden, dass wir *geformt* werden. Die Ich-Identität wird
also (auch) durch starke äußere Einflussfaktoren bestimmt; wir
können uns ohne die Reaktionen der Außenwelt und menschlichen Umwelt nicht selbst erfahren. Vielleicht kennen Sie das
Ende des Aphorismus von Friedrich Halm: „... *die Sterne reißt's*

vom Himmel, das eine Wort: ich will!" Nur, wer oder was ist dieses Ich? Welche Einflüsse können Sie für sich identifizieren, die Sie als Führungskraft geprägt haben? Machen Sie folgende Übung und vervollständigen Sie für sich diese Satzanfänge: Ich als Führungskraft bin... / Ich als Führungskraft habe... / Ich als Führungskraft werde... / Ich als Führungskraft kann... / muss...

Das Selbstbild ist das Ergebnis der Interaktion beständiger personaler Faktoren und aller bisherigen Erfahrungen und deren (mehr oder weniger) gelungenen Bewältigung und neuerlichen Integration in die persönliche Biografie und Lebensgeschichte. Das Selbstbild wird stark (mit-)bestimmt von folgenden Dimensionen: von den körperlichen Voraussetzungen (Aussehen, körperliche und seelische Aspekte, Umgang mit Emotionen und Belastungen usw.), von den interaktiven Gegebenheiten in der Auseinandersetzung mit anderen Menschen und der Umwelt, von den Voraussetzungen hinsichtlich Aktivität und Leistungsbereitschaft (Fähigkeiten, Talente, Kompetenzen) und von den grundlegenden Werten, denen sich Menschen nahe oder verpflichtet fühlen (Heimat, Sicherheit, Bildung; materielle, kulturelle und spirituelle Bedürfnisse). Einiges davon scheint durchaus genetisch grundgelegt zu sein, wesentliche Faktoren finden wir aber in einer bestimmten sozio-kulturellen (und betrieblichen) Realität, die wir uns nicht selbstbestimmt ausgesucht haben. In unserer Entwicklung werden viele Aspekte unseres Selbstbildes durch Wirkungsfaktoren von außen gestaltet; pointiert formuliert ist das Selbstbild (stark) abhängig dem Fremdbild. Analog zu diesem Bild besteht eine große Verantwortlichkeit für Führungskräfte darin, den MitarbeiterInnen über die Art und Weise der Interaktion, über bewusste Feedback-Gestaltung deren Selbstbild realistisch und positiv zu entwickeln – das stärkt den Selbstwert. Anerkennung und Wertschätzung sind nach wie vor gute Voraussetzungen für Loyalität und Leistungsfähigkeit.

Selbstmanagement

*Wer sich nicht selbst befiehlt,
bleibt immer Knecht!*
J. W. Goethe

Die Zeiten haben sich seit Goethe geändert und die klassische hierarchische Gesellschaftsstruktur mit befehlenden Herren und dienenden Knechten damit auch – heute spricht man von flachen Hierarchien, Empowerment und Teamwork. Aber der Sinngehalt dieser Aussage hat sich kaum geändert, auch einer der so genannten Management-Päpste, Peter F. Drucker ist der Meinung, dass nur derjenige imstande ist, andere zu führen, der sich auch selbst führen kann.

Führungskräfte stehen, wenn sie neu oder noch nicht allzu lange in dieser Verantwortungsebene tätig sind, vor allem vor einer Herausforderung: neben den gestiegenen Anforderungen und den anspruchsvollen Arbeitsaufgaben haben sie zu wenig Zeit. Konsequentes Selbst- und Zeitmanagement (siehe dort) ist eine wesentliche Voraussetzung für erfolgreiche Führungstätigkeit.

Die grundlegende Frage im Selbstmanagement ist: Wie gehen Sie mit sich selbst um? Sie sind als Führungskraft in einer Organisation tätig, in welcher Material, Menschen und Prozesse auf ein Ziel hin organisiert sind – wie organisieren Sie sich selbst? Nach welchen Prinzipien haben Sie sich selbst (als Person, als Führungskraft) mit all Ihren Ressourcen und Zielen als Projekt organisiert? Haben Sie für sich selbst gewissenhaft Ziele und Milestones definiert? Evaluieren Sie sich selbst oder mit Hilfe anderer? Woher kommen Ideen und Anregungen für das wichtigste Projekt in Ihrem Leben, nämlich für Sie selbst? Haben Sie jemanden, mit dem Sie über Problemsituationen bei der Gestaltung oder bei der Abwicklung dieses Projekts reden können?

Eine wichtige inhaltliche Dimension beim Thema Selbstmanagement ist zweifelsohne der Umgang mit der Ressource Zeit, denn es geht letzten Endes um Ihre Lebenszeit und wie Sie diese verbringen. Ergebnisorientierte Nutzung der Ressource Zeit bedingt eine klare Zielsetzung und eine konsequente Planung. Wenn Sie einen leichten Mangel im Bereich Selbstmanagement diagnostizieren und Verbesserungen vornehmen wollen, gehen Sie einfach vor wie beim Navigationsgerät: beginnen Sie mit der Zieleingabe und konkretisieren Sie die Ausgangslage, den Standort. Der Weg zum Ziel kann nur brauchbar berechnet und angezeigt werden, wenn die Ausgangssituation klar ist. Beantworten Sie sich ernsthaft und schriftlich die so wichtigen Fragen: - Wohin soll es gehen? Welche/s Ziel/e möchte ich erreichen?

- Wo stehe ich? In welcher Ausgangsposition befinde ich mich?

- Welche Hilfen kann ich in Anspruch nehmen, welchen Support brauche ich (von wem?), um meine Ziele zu erreichen?

Folgende vier Aufgabenfelder sind im Sinne des Selbstmanagements für den persönlichen wie beruflichen Erfolg als Person mit Führungsverantwortung zu bearbeiten:

- Planung (Ziele und Prioritäten setzen, Tagesplanung...)
- Umgang mit der Ressource Zeit (Zeitdiebe erkennen...)
- Organisation der Arbeitsmittel (Schreibtisch, Computer...)
- Persönliche Kompetenzen (Abgrenzung, Delegation...)

Sie kennen sicher das abendliche Gefühl, nicht alles so geschafft zu haben, wie Sie es sich im morgendlichen Tatendrang vorgenommen haben. Analysieren Sie die Gründe ehrlich und ziehen Sie entsprechende Konsequenzen, am besten schriftlich. Alle erfolgreichen Menschen haben eine gewisse Zeit lang Tagebuch geführt; beginnen Sie doch auch das Gespräch mit sich selbst!

Sozialkompetenz

Ich vergesse nie ein Gesicht!
Aber bei Ihnen mache ich eine Ausnahme!
G. Marx

An jeder Ecke gibt es heute Kompetenzzentren; eines für Holz, eines für betriebliche Interessenvertretung, ein anderes für abgängige Personen, eines für Gesundheit, ein anderes für Wissensmanagement und eines für Qualitätssicherung in der häuslichen Pflege – fragen Sie nach bei Google. Sie werden erstaunt sein, Kompetenzzentren scheint es heute mehr zu geben als Geschäfte für Grundnahrungsmittel. Dieser Begriffs- und Gestaltungslogik folgend sind Sie als Person mit Führungsverantwortung selbstverständlich ein ‚Sozialkompetenzzentrum'. In Ihnen und in Ihrer Vorbildfunktion in der Rolle als Führungskraft konzentrieren sich die wesentlichen Aspekte von der Kompetenz, Beziehungen zu gestalten – keine andere Fähigkeit ist mit Sozialkompetenz gemeint, als die Eignung und das Geschick, soziale Verbindungen und interaktive Verhältnisse so zu beeinflussen und zu gestalten, dass die Beteiligten inhaltlich und gefühlsmäßig mit den Vorgehensweisen und Ergebnissen im Minimalfall zufrieden sind und bestenfalls davon begeistert sind. Das betrifft die Beziehung zu allen betrieblichen Interaktionspartnern, zu Lieferanten und KundInnen, zu MitarbeiterInnen, innerhalb des Teams bis hin zur Öffentlichkeit – denken Sie nur an die Notwendigkeit einer passenden Kommunikation nach außen in einem Krisen- oder Konfliktfall.

Das klassische Werkzeug zur Beziehungsgestaltung ist wiederum die Kommunikation. Die kommunikativen Tools aus der Werkzeugkiste sollen funktionieren, müssen aber wie jedes andere

Werkzeug richtig angewendet werden, sie müssen gepflegt und gewartet werden und häufig ist ein Service notwendig. Jedes Sägeblatt braucht hin und wieder einen Schliff und eine Inbusschraube verlangt nach eigenem Tool, mit einem Kreuzschraubenzieher kommt man nicht weit.

Im Sozialkompetenz-Werkzeugkoffer unterschiedliche Hilfsmittel für verschiedenste Alltagssituationen und besondere Herausforderungen - auch für Ausnahme- und Notfälle. Die Werkzeuge helfen zum Beispiel die für die Situation und alle Beteiligten die richtigen Worte zu finden, sich abzugrenzen, sich durchzusetzen, eigene Gefühle und Bedürfnisse klar und verständnisfördernd auszudrücken, wertschätzend, lösungs- und ergebnisorientiert zu kommunizieren, gemeinsame Ziele vor trennende Aspekte zu stellen und deeskalierend zu intervenieren. Führungskräfte kommen meist auf der Grundlage ihrer fachlichen Kompetenz in diese Positionen und haben dann in ihrem Aufgabenbereich eine Verantwortlichkeit für ein ‚Miteinander', dafür wurden sie kaum konsequent vorbereitet und sie versuchen sich dann im Nachhinein jene Kompetenzen anzueignen, welche sie tatsächlich brauchen, um den Führungsalltag gut zu bewältigen; einige glauben, ihre bisherigen Erfahrungen reichen und scheitern kläglich oder landen früh im Burnout. Die eigene Erfahrung bestätigt: TeilnehmerInnen bei Trainings im Rahmen der universitären Technikausbildung stellen sich diesen Herausforderungen proaktiv und arbeiten semesterlang an der Fähigkeit, sich verständlich auszudrücken, motivierend zu kommunizieren, im Team und in der Projektleitung gruppendynamische Prozesse zu berücksichtigen und aktiv zu gestalten und damit erfolgreiche Kooperation zu ermöglichen. Die Sozialkompetenz einer mit Führungsaufgaben betrauten Person zeigt sich auch darin, dass sie in den verschiedensten Situationen passend und sicher reagieren kann – und selbst mit der eigenen Unsicherheit sicher umgeht.

Team

Es gibt nur eine Mannschaft, die uns schlagen kann:
Das sind wir selber.
F. Beckenbauer

Teamarbeit und Gruppenarbeit werden heute oft synonym und auch missverständlich verwendet, es gibt aber deutliche Unterschiede. Wenn unterschiedliche Personen irgendwie kooperieren, bedeutet das nicht automatisch, dass ein Team die Aufgabe erledigt. Wenn Führungsverantwortliche ein Team zusammenstellen sollen (Teambuilding) für eine bestimmte Aufgabe, dann gilt es, einige Kriterien zu beachten, damit das Team seine Aufgabe energievoll, motiviert und ergebnisorientiert erfüllen kann. Ein Bestimmungsmerkmal von Teams ist damit schon genannt: Teams haben immer eine konkrete, auch zeitlich begrenzte Aufgabe zu erledigen. Teams sind entlang der Ziele und Anforderungen der zu erledigenden Aufgabe organisiert; die Mitglieder werden von außen nominiert und über ein hohes Maß an Selbstorganisation wird die Arbeitsteilung und Kooperation auf der Grundlage der Kompetenzen der Teammitglieder in Richtung Endergebnis bewältigt. Bei der Zusammenstellung von Teams sind allerdings bestimmte gruppendynamische Prozesse zu berücksichtigen, die in jeder sozialen Einheit ablaufen und ganz normal sind, wenn Menschen miteinander kooperieren sollen. Wenn diese grundlegenden Aspekte gruppendynamischer Entwicklungsphasen übersehen oder in ihrer Bedeutung verkannt werden, gibt es oft langdauernde und verdeckte Konfliktsituationen, welche den Projektfortgang hemmen oder ein Projekt gar scheitern lassen. Jedes Team durchläuft mit unterschiedlicher Intensität folgende Phasen; deren Ausprägungen hängt auch davon ab, wie gut sich die Personen schon vorher kennen und welche Erfahrungen sie gemeinsam (oder in anderen Teams) gemacht haben. Bruce Tuckman hat diese fünf Phasen ausführlich beschrieben und bekannt gemacht:

In der Formierungsphase kommen die Teammitglieder zusammen, lernen sich kennen, erhalten und sammeln Informationen und es werden erste Regeln des Umgangs miteinander gebildet. In der Konfliktphase versucht jedes Teammitglied, seinen Platz in der Gruppe zu finden; Status- und Positionskämpfe finden hier statt und diese Klärungen sind wichtig, damit das Team arbeitsfähig wird. Findet diese Positionierung nicht statt oder wird von der Teamleitung diesen Prozessschritten zu wenig Platz eingeräumt, dann besteht die Gefahr, dass jedes Thema vom Team dazu missbraucht wird, um diese gruppeninternen Statuskämpfe auszutragen und darunter leiden Leistungsfähigkeit und Motivation sehr stark. In der Normierungsphase entwickelt das Team Zusammenhalt und ein Wir-Gefühl, indem es Regeln zum sozialen Umgang, zum Informationsprozess und zur Arbeitsorganisation aufstellt, die von allen akzeptiert und befolgt werden. Dieser Schritt ist aber erst möglich, nachdem jedes Teammitglied seinen Platz in der Gruppe gefunden hat, sonst gibt es immer wieder Statuskämpfe um die Anerkennung von den anderen Mitgliedern. Danach ist das Team erst in der Lage zu kooperieren und die Kompetenzen auf das Erreichen des Teamziels zu konzentrieren. Mit folgender Checkliste hat die Teamleitung einMittel zur Verbesserung der Teamarbeit zur Hand: Was ist unsere Mission? Wozu gibt es uns? Was ist unser Ziel? Wohin wollen wir? Wie beschreiben wir unsere Vision? Welche Werte geben uns dabei Orientierung? Welche Strategie verfolgen wir? Wie kommen wir zum Ziel? Wie organisieren wir uns dabei? Wer trägt was dazu bei? Wie sichern wir unseren Kurs? Reden Sie darüber mit Ihrem Team regelmäßig!

Transaktionsanalyse

Die Eltern wollten nur mein Bestes –
aber das bekamen sie nicht!
Szenespruch

Es klingt zwar nach Psychoanalyse und hat vom Klang her einen therapeutischen Touch, ist aber ein sehr praktisches und hilfreiches Werkzeug für den kommunikativen Alltag. So wie wir Fehler oder Prozesse und Vorgänge analysieren, so betrachten wir die Interaktionen durch die Brille des transaktionsanalytischen Modells. Wir haben dadurch die Möglichkeit, auf der Grundlage der humanistischen Psychologie unser Verhalten gut zu reflektieren und konstruktive Änderungen vorzunehmen. Die Grundlage bildet auch hier ein Menschenbild, das davon ausgeht, dass eine Person im Prinzip ‚okay' ist, auch wenn ihr Verhalten in bestimmten Situationen kritisierbar ist. Schon in der Mittelschule habe ich vor fast fünfzig Jahren ein Buch über diesen faszinierenden Ansatz gelesen, es war das Werk von Eric Berne mit dem Titel ‚Spiele der Erwachsenen'. Damals beeindruckte mich die Selbstverantwortung, die von jedem – auch vom Kind im Rahmen seiner lebensweltlichen Möglichkeiten – gefordert wurde und es gab zugleich Werkzeuge, diese Eigenverantwortung im kommunikativen Umgang miteinander zu entwickeln und zu stärken. Führungskräfte wünschen sich zumeist selbständige und eigenverantwortliche MitarbeiterInnen, die selbst denken, Herausforderungen aktiv annehmen und große Eigeninitiative zeigen. Ein Anwendungskonzept und zugleich zentrales Theoriekonzept der klassischen Transaktionsanalyse bietet für die alltägliche Führungskommunikation zur Entwicklung der Eigenverantwortung große Möglichkeiten: das Konzept der *Ich-Zustände*. Ein

Ich-Zustand beschreibt das gesamte Verhalten in einer bestimmten Situation auf der Grundlage der Erfahrungen und im Zusammenwirken mit anderen Ich-Zuständen. Das Verhalten eines Menschen ist beobachtbar, wird aber sowohl von inneren, psychischen Vorgängen als auch von in der Erziehung und Sozialisation verinnerlichten Werten und Orientierungen stark beeinflusst. Innerpsychische Prozesse und wahrnehmbares Verhalten sind verknüpft. Die Ich-Anteile nach Berne sind das *Erwachsenen-Ich, das Kindheits-Ich und das Eltern-Ich.* Das Erwachsenen-Ich orientiert sich an der gegebenen Realität, das Kindheits-Ich wird aus den Erfahrungen und lebensgeschichtlichen Erinnerungen gespeist und das Eltern-Ich repräsentiert gesellschaftliche Vorgaben, Verhaltens- und Orientierungs-muster, Werte und Normen, welche durch die Eltern (direkt oder symbolisch) vermittelt wurden. Ziel ist vor allem, das Erwachsenen-Ich zu stärken. Eine Transaktion ist die kleinste kommunikative (verbale oder nonverbale) Einheit; besteht also in der Botschaft des Senders und der Reaktion des Empfängers. Die parallelen, verdeckten oder gekreuzten Transaktionen sind hier kein Thema; die entscheidenden Fragen für die Analyse und Gestaltung der Alltagskommunikation sind folgende: Aus welchem Ich-Zustand kommuniziert eine Person als Sender? Welcher Ich-Zustand des Empfängers wird dadurch angesprochen? Aus welchem Ich-Zustand reagiert der Empfänger und an welchen Ich-Zustand des Senders wendet sich der Empfänger in seiner Antwort? Wenn ein Mitarbeiter Sie als Führungskraft fragt: „Passt das so? Ist das richtig so?" – dann könnte das Kindheits-Ich des Mitarbeiters in diesem Fall sich an Ihr Eltern-Ich wenden, um bestätigt und gelobt zu werden. Das Erwachsenen-Ich (die Eigenverantwortung) können Sie zum Beispiel stärken mit der Antwort: „Von welchen Überlegungen sind Sie ausgegangen? Was war für Sie wichtig? Erzählen Sie mal…"

Unternehmenskultur

*Für die herrschenden Zustände sind nicht immer
die zuständigen Herrscher verantwortlich.*
G. Uhlenbruck

Die Unternehmenskultur ist Rahmen, Grundlage und Nährboden zugleich für das Erreichen der Unternehmensziele. Sie spiegelt als Muster alle Überzeugungen, Annahmen, Einstellungen und Werte eines Unternehmens unabhängig davon, ob diese in einem Leitbild schriftlich festgehalten oder implizit einfach in der Art und Weise sichtbar werden, wie die Arbeitsabläufe organisiert sind und die MitarbeiterInnen tatsächlich zusammenarbeiten. Die Beständigkeit, die Festigkeit und Dauerhaftigkeit und damit die Wirksamkeit eines derartigen Musters bis in die letzten betrieblichen Bereiche machen seine Bedeutung aus. Förderliche und hemmende Faktoren müssen identifiziert werden und im Falle einer notwendigen Kursänderung müssen entsprechendes langfristiges Engagement und verstehende Geduld eingebracht werden. Die Unternehmensmitglieder erleben die Kultur als Organisationsklima, als Management- und Führungsstil; beides wirkt auf die Kultur zurück und viele externe Faktoren wie zum Beispiel Umwelt, Gesetze und Technologie beeinflussen kulturelle Entwicklungen. Die Kultur im Unternehmen kann an drei Bereichen gut beschrieben werden: an den gelebten Werten, an den geltenden (oft ungeschriebenen) Normen und Verhaltensregeln und an vielen verschiedenen Ausdrucksformen.
Der Werterahmen sollte in einer Organisation allen Mitgliedern bekannt und bewusst sein. Der geltende Wertekatalog kann als Orientierungsrahmen nur funktionieren, wenn die darin enthaltenen Überzeugungen von möglichst vielen geteilt werden. In-

haltlich geht es dabei um Themenbereiche wie zum Beispiel: Wertschätzung der MitarbeiterInnen, Umgang mit Kunden und Lieferanten, Leistungsbereitschaft und Belohnungsgerechtigkeit, Wachstums- und Wettbewerbsorientierung, Chancengleichheit, Qualitätsbewusstsein, soziale Verantwortung und Teamgeist.

Im normativen Bereich stehen jene Spielregeln im Zentrum, welche informell alle Erwartungen und auch Handlungsabläufe regeln, indem sie mündlich tradiert werden oder einfach durch das alltägliche Verhalten als verbindlich vermittelt werden. Die enorme Wirkung als Klimafaktor gründet darauf, dass MitarbeiterInnen mit negativen Sanktionen (Druck und Kontrolle) zu rechnen haben, wenn sie diese Normen verletzen. Zu den normativ geregelten Verhaltensweisen gehört etwa: die Beziehung zu den MitarbeiterInnen, der Umgang mit Statussymbolen, der Stellenwert von Loyalität, das im Arbeitsalltag direkt oder indirekt vermittelte Arbeitsethos (als Beispiel: Wer seine Arbeit nicht in der Arbeitszeit zu erledigen imstande ist, der arbeitet ineffizient), Bekleidungsregeln, Umgang mit Emotionen und Konfliktpotenzialen, Erreichbarkeit und Ansprechbarkeit von Führungspersonen und Vorgesetzten.

Zu den Ausdrucksformen einer Unternehmenskultur zählen alle Aspekte, durch die eine Organisation außen wahrnehmbar wird; etwa durch die Art, am Telefon oder mit KundInnen zu sprechen, sich in modernen Medien zu präsentieren, Kommunikationsstil in Meetings und Konferenzen und Form und Wortwahl in Mails und Briefen. Bedenken Sie, dass die kulturellen Faktoren letztlich der Zielerreichung des Unternehmens dienen und daraufhin auszurichten sind. In Führungsverantwortung ‚managen' Sie die Unternehmenskultur, indem Sie ein positives und motivierendes Klima schaffen, jene Werte und Verhaltensweisen vorleben, die Sie von anderen erwarten. Sie erreichen so die Akzeptanz zentraler Werte, die eine Unternehmenskultur tragen.

Veränderungen

Als ich mein Amt angetreten habe,
wussten nur Teilchenphysiker, was das Web ist.
Jetzt hat sogar meine Katze eine eigene Homepage.
B. Clinton

Veränderungen sind heute keine Ausnahme im Alltagsgeschehen, sondern eher die Regel, sie finden überall statt. Erinnern Sie sich an Disketten als Datenspeicher oder an die Telefonzellen an öffentlichen Plätzen? Haben Ihre Eltern von VHS-Kassetten erzählt oder liegen sogar noch welche zuhause herum? Vergleichen Sie das Volumen Ihres Monitors mit dem eines älteren Bildschirmgerätes – so wie sich die technologische Umwelt verändert, so haben wir auch in allen anderen Bereichen mit Veränderungen umzugehen und sie zu bewältigen. Die Veränderungen außen verändern auch unser Inneres; unser Selbstverständnis, unser Zusammenleben, unsere Lebenspläne und unser Verständnis vom und unser Verhältnis zum Leben, zum Alltag, zum Beruf ist ständig neu zu bestimmen.

Arbeitsumfeld und Aufgabengebiete verändern sich, die Märkte sind zum Teil unberechenbar, MitarbeiterInnen wechseln oder Sie haben selbst den Wunsch nach Veränderung. Veränderungen sind mit vielen Emotionen verbunden. Wir schätzen einerseits die Sicherheit und Geborgenheit der vertrauten Umgebung und der routinemäßigen Abläufe, suchen zugleich die Abwechslung und streben nach Neuem, da begleitet uns aber auch die Angst vor der Ungewissheit, vor dem Unbekannten.

Machen wir uns ein banale Tatsache bewusst: Veränderung gehört zum Leben; Veränderung ist Ausdruck von Lebendigkeit und einer natürlichen Entwicklung. Wenn Sie Kinder haben oder bei

Freunden bei Besuchen erkennen, wie sehr sich die Kinder entwickelt und verändert haben, wenn Sie lobend feststellen , was diese nicht alles schon können, dann sind Sie dieser grundsätzlichen lebens- und veränderungsbejahenden Haltung sehr nahe. Betrachten Sie Bäume im Winter; kahl, ohne Laub, ohne Blüten, ohne Frucht. Wir wissen, dass sich mit den wärmenden Sonnenstrahlen im Frühling alles wieder verändert, die Knospen sichtbar werden und die Blätter wachsen. Wenn der Baum sich nicht verändert, wird er spätestens nächsten Herbst gefällt. Manchmal ist auch im Begrüßungsritual auf die Nachfrage, wie es denn so gehe, die Redewendung zu hören: Danke, wenn es so bleibt, sind wir zufrieden. Vorsicht: *Nichts im Leben bleibt, wie es ist.* Leben und Entwicklung zeigen sich geradezu in der wahrnehmbaren Veränderung. Viele Menschen neigen dazu, sich eher als Spielball wenn nicht gar als Opfer der Einflüsse und Veränderungsimpulse von außen zu sehen und ignorieren die Möglichkeiten der gezielten und bewussten Gestaltung von Veränderungen. In Führungsverantwortung können Sie proaktiv in Ihrem Umfeld das Verhältnis zu Veränderungen mitgestalten. Sprechen Sie Vor- und Nachteile von anstehenden und oft notwendigen Veränderungen und damit verbundene Ängste offen an, geben Sie den Emotionen rund um diese Ereignisse Platz und lenken Sie die gefühlsmäßige Energie in eine positive, zustimmende Richtung. Sie erreichen dies vor allem mit der Zusicherung Ihrer Unterstützung, mit dem Hervorheben aller Vorzüge, die für die Betroffenen mit einer Veränderung verbunden sind. Deuten Sie die ersten Reaktionen auf Veränderungen nicht – und schon gar nicht persönlich – als Ablehnung; in Sekundenbruchteilen reagiert das Stammhirn auf Veränderungen einer vertrauten Umwelt mit Angst und Panik – bleiben Sie ruhig, erklären Sie geduldig die Situation und lassen Sie alle emotionalen Reaktionen zu. Erst so werden sie bearbeitbar und rational steuerbar.

Verantwortung

Verantwortung ist der gesunde Stamm
des Baums namens Freiheit.
S. Hopfensperger

Ein Weg scheint sich bewährt zu haben: je schwieriger ein Thema ist, desto einfacher und einladender soll der Zugang gewählt
werden. Ich halte mich jetzt daran und betrachte zunächst das
Wort und seine Bedeutung. Im Begriff Ver-*antwort*-ung lesen wir
sehr deutlich die *Antwort*. Wenn Sie Verantwortung wahrnehmen, dann geben Sie Antwort. Sie beantworten eine Frage, Sie
kommunizieren. In der politischen Welt wird Verantwortung
meist derart praktiziert, dass jemand zurücktritt. Damit wird
zwar auch eine Botschaft gesendet, aber in dieser Form bleiben
viele Fragen offen. In Ihrer Führungsverantwortung haben Sie
also die Aufgabe, Antworten zu geben. Auf das, was Sie gefragt
werden und auch auf das, was Sie noch nicht gefragt werden;
Antworten auf Fragen also, die auftauchen könnten und die gestellt werden könnten – auf ‚alles' müssen Sie vorbereitet sein.
In der Einleitung zu diesem Buch habe ich betont, dass Führungskräfte vieles delegieren können, eines aber nicht: Verantwortung!
In dieser einfachen Forderung steckt eine schwere Last, die Personen mit Führungsverantwortung zu tragen haben, wenn sie
für ‚alles', das in ihren Verantwortungsbereich fällt, auch verantwortlich sind. Einige zerbrechen auch daran und andere wiederum scheuen sich davor, mehr Verantwortung zu übernehmen
und bleiben auf der so genannten Karriereleiter lieber zwei oder
drei Stufen darunter stehen. Führungskräfte sind natürlich in der
Verantwortung für die Erreichung eines bestimmten Zieles, sie

haben Verantwortung zu tragen in finanzieller Hinsicht, sie haben ein konkretes Ergebnis oder eine bestimmte Qualität zu verantworten, das alles wird auf der fachlichen Ebene auch ohne Widerspruch akzeptiert. Führungsverantwortlichkeit zeigt sich aber ebenso in den Bereichen Personalentwicklung, Teamkooperation oder Konfliktmanagement, um einige wichtige Aspekte zu betonen. Die Führungsverantwortung ist auch darin zu sehen, das Arbeitsumfeld so zu gestalten, dass MitarbeiterInnen gute Kooperationsbedingungen vorfinden und im Konfliktfall entsprechende und akzeptierte Anlaufstellen und Regelungsmechanismen zur Verfügung stehen. Es ist eine der großen Herausforderungen, neben den Sachaufgaben die so genannten *soft skills* in der Führungsverantwortung wahrzunehmen.

Die einfachste Interpretation der Qualität des Beziehungsaspektes von Führungskraft zu MitarbeiterInnen ist diese: Können sich Mitarbeiterinnen mit ihren Fragen an ihre Führungskräfte wenden? Sind Führungskräfte bereit, die Fragen der MitarbeiterInnen ernst zu nehmen, auf die Fragen einzugehen und sie glaubwürdig zu beantworten oder eine Einladung aussprechen, eine passende Antwort gemeinsam zu finden?

Mit dem Verschwinden klassischer hierarchischer Organisationsmuster und der damit verbundenen formalen Zuständigkeiten wird ein Phänomen sichtbar, das *Verantwortungsdiffusion* genannt wird. Je mehr Menschen an einem Aufgabenbereich beteiligt sind, desto größer ist die Wahrscheinlichkeit, dass die eigene Verantwortlichkeit als geringer eingestuft wird. Klare Vereinbarungen, klare Zuständigkeitsregeln und definierte Verantwortungsbereiche helfen auch in flachen Organisationen. Werden Sie initiativ, wenn unklare Bedingungen und offene Regelungspunkte danach verlangen. Beweisen Sie Verantwortung, indem Sie Fragen stellen und dabei helfen, die passenden Antworten zu finden.

Verhandeln

Wer essen will,
sollte den Koch nicht beleidigen.
aus China

Mit KundInnen und Lieferanten werden Preise verhandelt, die Gewerkschaften verhandeln mit den politischen Vertretungen Löhne und Gehälter auf Kollektivvertragsebene und weltpolitisch stehen permanent Verhandlungen auf dem Tagesprogramm. Bei Verhandlungen haben die Beteiligten ein bestimmtes Anliegen und verfolgen ein Interesse; in diesem Prozess gibt es die Möglichkeit (oder sie soll geschaffen werden), dass es für Beteiligte eine Einigung gibt, die den jeweiligen Zielen entgegenkommt und akzeptable Voraussetzungen und Bedingungen für weitere Schritte schafft. Die problematischen Aspekte von Verhandlungen bestehen darin, dass sie Konfliktpotenziale beinhalten und in einer Atmosphäre stattfinden, die Unsicherheit beinhaltet – man spricht heute von Ergebnisoffenheit. In der Bundesrepublik wurden die vorbereitenden Verhandlungen zu einer neuerlichen ‚GroKo' vor einiger Zeit nach außen hin erfolgreich beendet, innerparteilich gab es Konsequenzen und Personaldiskussionen als Folge dieser ‚erfolgreichen' Verhandlungsergebnisse.

Ein klassischer Verhandlungsverlauf zeigt einige Charakteristika. Was immer auch bei Verhandlungen passiert, ist unter der Bedingung zu sehen, dass beide Seiten eine Einigung erzielen wollen und können. Kontrollierte Angriffe und verbale Druckmittel sollten nicht das Vertrauen erschüttern, dass es letztlich den Verhandlungsparteien ein ernstes Anliegen ist, gemeinsam ein Ziel zu erreichen. Diese Maßnahmen werden als Taktik anerkannt und sollten auch nicht missbraucht werden. Alle beteiligten Verhandlungspartner sollten bereit sein, von ihrer ursprünglichen Ausgangsposition abzugehen; eine Folge von Angeboten und Gegenangeboten ebnet meist den Weg zum akzeptierten Ergebnis. Zu berücksichtigen ist aber vor allem, dass einmal gemachte Konzessionen nicht zurückgenommen werden können; damit wären Glaubwürdigkeit und Vertrauen stark beeinträchtigt. Für unter bestimmten Bedingungen zugesagte Angebote gilt dies nicht, wenn die Bedingungen sich verändern. Vereinbarungen und Zusicherungen sind unbedingt einzuhalten; eine endgültige Vereinbarung ist derart, dass alle Beteiligten keinen Verlust der Glaubwürdigkeit erleiden.

Den in einem Verhandlungsverlauf möglichen Konfliktgefahren kann durch einen speziellen Verhandlungsstil begegnet werden, der als *Harvard-Stil* bekannt wurde (siehe dort). Fisher, Ury und Patton, drei amerikanische Forscher, entwickelten mit ihrem so genannten ‚dritten Weg' eine Alternative zu den traditionellen Angriffs- und Rückzugsmustern, nämlich den Weg des sachgerechten Verhandelns. Zwei Ebenen sind in dieser Vorgehensweise entscheidend: die substanzielle Ebene, diese bezieht sich auf den Sachgegenstand der Verhandlung und die Prozessebene, die konkrete Verfahrensweise. Kurz: Hart in der Sache, weich zu den Personen. Vier methodische Grundaspekte prägen den Harvard-Verhandlungsstil: *Menschen und Probleme werden getrennt behandelt.* Die Beteiligten sind keine Gegner in der Sache, sondern Verbündete in der Lösung eines Problems. *Die Interessen der Beteiligten sind herauszuarbeiten,* ein Verharren auf den Positionen blockiert den Prozess. *Lösungen sind zum Vorteil beider Parteien zu entwickeln und die Anwendung neutraler, objektiver Beurteilungskriterien* erleichtert die Akzeptanz eines Ergebnisses bei allen Beteiligten. Das sachgerechte Verhandeln verzichtet auf Tricks und Machteinsatz; Ziel ist ein gemeinsam erarbeitetes und die Beziehung stärkendes Ergebnis.

Vertrauen

Nichts kann den Menschen mehr stärken,
als das Vertrauen, das man ihm entgegenbringt.
La Rochefoucauld

Ein allgemeiner Vertrauensschwund wird heute in vielen gesellschaftlichen, politischen und wirtschaftlichen Bereichen von Fachleuten diagnostiziert. Gegenüber politischen Parteien und deren Vertretern, gegenüber Medien (Stichwort: fake news) und den darin gebotenen Berichten herrscht häufig Misstrauen. Sie kennen auch die Redewendung: Vertrauen ist gut, Kontrolle ist besser. Dies ist die eine Seite der Medaille. Zugleich gibt es Meinungen auf der Grundlage internationaler Studien, dass das Vertrauen allgemein für die gesellschaftliche Entwicklung der zentrale Punkt zu sein scheint. Neben dem Finanzkapital und dem Humankapital spricht man im wissenschaftlichen Kontext vom Sozialkapital und das Vertrauen in die Mitmenschen - auch in die Märkte - ist dabei eine entscheidende Einflussgröße für das Wohlergehen und die Zufriedenheit der Menschen. Vertrauen, im Bankenbereich auch oft als immaterielles und unsichtbares Kapital bezeichnet, reduziert Unsicherheit und ermöglicht erfolgreiche Kooperationen. Die in einem Vertrauensverhältnis stehenden Interaktionspartner gehen längerfristige soziale Beziehungen ein; die Vertrauensbasis ist laufend durch solche Aktionen zu stärken, die das vertrauliche Verhältnis bestätigen und in keiner Weise in Frage stellen.

Vor vielen Jahren stellte Bröcker in einer Arbeit über ‚*Vertrauen als knappes Gut*‘ (vgl. ezifocus.de) fest, dass nur bei knapp über der Hälfte der Unternehmen Vertrauen auch in den Leitbildern und Leitsätzen entsprechende Beachtung findet und im Gegenzug dazu aber für über 90 Prozent der Befragten einer Studie das Vertrauen als wesentlich für einen Geschäftserfolg betrachtet wurde. Die Zusammenhänge zwischen Vertraue und Geschäftserfolg stehen in der Fachliteratur außer Zweifel und schon 1980 bezeichnete Albach das Vertrauen als das effizienteste Führungssystem und er beruft sich in der Einleitung zu seiner Arbeit *Vertrauen in der politischen Ökonomie*' auf Bosch, der als Grundsatz formuliert haben soll: Lieber Geld verlieren als Vertrauen…

Wenn Sie als Führungskraft je Coaching in Anspruch genommen haben, dann funktioniert diese Begleitung und Betreuung nur auf einer Vertrauensbasis. Lehrer und Schüler haben beste Erfolgsaussichten im Sinne des Lernerfolgs und der Erreichung eines Jahresziels, wenn die Beziehung und Interaktion von gegenseitigem Vertrauen getragen wird. Internationale Studien aus der Bildungsforschung belegen, dass kein Faktor aus dem Koffer der Bildungsreformer so wirksam ist wie die gute Beziehung zwischen Lehrer und Schüler. Eine vertrauensvolle Lehrer-Schüler-Beziehung ist die beste Grundlage für die Lernmotivation, für die Leistungsbereitschaft und den schulische Erfolg .

Entscheidend sind auch alle bisherigen Vertrauenserfahrungen und auch das jeweilige Machtgefälle in der Beziehung. Führungskompetenzen beinhalten Interaktionsmethoden, welche die Asymmetrie der Beziehungen begrenzen können und die es ermöglichen, die Vertrauensbeziehung zu stärken und zu stabilisieren. Führungsverantwortliche haben immer die Macht, eine Beziehung zu gestalten und so braucht es einen Vertrauensvorschuss, Vertrauen muss als erster Schritt von der Führungskraft investiert werden. Nicht nur als Versuch, sondern als ständige Initiative, als proaktives Gestalten einer vom Machtgefälle bedrohten Kooperationsbasis. Vertrauen bildet das Fundament stabiler Sozialbeziehungen; nur Vertrauen schafft Vertrauen.

Vorbilder

Versuchen wir es denen nachzumachen,
die sich nichts vormachen lassen.
R. Schützbach

Eigenschafts- und verhaltensorientierte Führungsansätze nehmen in vielen Werken entsprechend Platz ein; von der Great-Man-Theory bis hin zum Charisma-Training ist einiges zu finden. Schlagen wir auch hier einen pragmatischen Weg ein: Führung erleben wir in der frühesten (auch nicht erinnerbaren) Kindheit und wir machen sicher (bewusst oder unbewusst) sehr prägende Erfahrungen. Im gesamten Sozialisations- und Erziehungsprozess werden wir von jemandem geführt, begleitet, unterstützt oder auch teilweise auf unserem Weg behindert. Wir alle haben uns immer wieder an Vorbildern orientiert, sie gaben uns Halt, motivierten uns, einen ganz bestimmten Weg zu gehen, sei es im Sport- und Freizeitbereich oder im beruflichen Umfeld. Allgemein sprechen wir von einem positiv besetztem Bild, wenn wir an Vorbilder denken; es gibt aber auch jene Beispiele, von denen wir uns abgrenzen wollen, an deren Verhaltensweisen und Einstellungen wir uns ganz und gar nicht orientieren wollen, frei nach dem Motto: Niemand ist so schlecht, dass er nicht noch als abschreckendes Beispiel dienen könnte...

Führungspersonen wirken im Arbeitsalltag *immer* als Vorbild, sie können sich dieser Aufgabe und Verantwortung gar nicht entziehen. Die Art des Auftretens, des Verhaltens anderen gegenüber, der Umgang mit emotional herausfordernden Situationen, Mimik und Gestik – alles wird bewusst oder unbewusst wahrgenommen und wirkt auf eben diese Weise. Selbstbewusstsein, Sicherheit und eine positive Grundhaltung sollen Personen mit

Führungsverantwortung ausstrahlen, das erwarten die MitarbeiterInnen in vielen Umfragen. Viele erfüllen diese Erwartungen auch, indem sie über längere Zeit versuchen, eine Rolle als selbstbewusste und positiv gestimmte Menschen zu spielen – bis ihnen die Kraft dafür ausgeht. Ein viel strapaziertes Zauberwort heißt Authentizität. Das Wort (griechisch) bedeutet nichts anderes als ‚selbst' (autos). Seien Sie also vor allem Sie selbst. Sie kennen das Zitat aus Hamlet: *Vor allem eins: Dir selbst sei treu.*

Um diesen Ansprüchen aber gerecht zu werden, braucht es die ernsthafte Auseinandersetzung mit sich selbst, mit den prägenden Erfahrungen und ihren Einflüssen auf das eigene Verhalten und die ständige Orientierung an priorisierten Werten und Zielen. Führungspersonen sind ja nicht nur in einem manifesten (manchmal schon fast automatisierten) Verhalten Vorbild für die MitarbeiterInnen, sondern auch im ständigen Ringen inmitten der alltäglichen Herausforderungen. Führungspersonen verkörpern nicht nur ein idealisiertes statisches Verhaltensrepertoire, sondern symbolisieren auch einen Weg, ein prozesshaftes, dynamisches Wollen und Streben. So schwer es den wissenschaftlichen Disziplinen fällt, das ‚Selbst' als Begriff und empirisches Substrat zu fassen, so selbstverständlich ist es in einem common-sense-Verständnis präsent: in der Selbstverwirklichung wie im Selbstmanagement, vom Selbstbild bis zur Selbständigkeit. In einem wesentlichen Aspekt sollen sich Führungskräfte immer, in allen Situationen aber ihrer Vorbildfunktion bewusst sein: die Selbstbeherrschung stellt im beruflichen Umfeld einen zentralen Punkt der Führungspersönlichkeit dar. Der passende und verantwortliche Umgang mit Emotionen ist Teil dieser Selbstbeherrschung.

Erst durch ihr konkretes vorbildliches Verhalten erwecken Führungsverantwortliche alle gut klingenden Sätze in den Leitbildbroschüren zum Leben – sonst bleibt es toter Text.

Wahrnehmung

Unsere Wahrnehmung liefert so verzerrte Ergebnisse,
dass sie auch Falschnehmung genannt werden könnte.
E. Katz

Auf YouTube gibt es viele spannende und lehrreiche Kurzvideos zum Thema Wahrnehmung und Wahrnehmungsverzerrungen. Prof. Lingelbach bringt anhand vieler Objekte in einer Scheune den Menschen nahe, wie wir Informationen aufnehmen und verarbeiten (siehe auch: die-scheune.info). Lingelbachs Motto lautet: Wir sehen nicht mit den Augen, sondern mit dem Gehirn. Reize, Informationen, Sinneseindrücke nehmen wir auf, verarbeiten und bewerten diese und reagieren dann auf der Grundlage des Ergebnisses dieses Verarbeitungs- und Interpretationsprozesses. Was in unserem Gehirn aber tatsächlich mit all diesen Informationen passiert, haben wir kaum unter Kontrolle.

Unser Wahrnehmungsapparat scheint wie ein willkürlich und zufällig funktionierender Filter- und Auswahlmechanismus zu arbeiten. Sie haben sicher schon einmal während einer Autofahrt erlebt, dass Sie derart in Gedanken versunken waren, sodass Sie nicht mehr imstande waren sich zu erinnern, wie der Verkehr auf den letzten Kilometern war, wie viele Autos Sie überholt haben – Sie konnten sich nur mehr an wenige Details erinnern, weil Sie konzentriert waren. Auf vieles - kaum auf das Autofahren; aber die Routine und eingespielte, programmierte Verhaltensweisen haben Wahrnehmung und Aufmerksamkeit für die konkrete Situation in den Hintergrund treten lassen. Viele Faktoren beeinflussen unsere Wahrnehmung sehr stark. Allein die körperliche und psychische Verfassung, also die Tatsache, ob wir sehr müde oder sehr erregt sind, bestimmt über unsere Fähigkeit, Sinneseindrücke aufzunehmen und entsprechend zu verarbeiten. Wir filtern vor allem jene Inhalte, die uns in einer Situation wichtig erscheinen – vor allem jene Reize werden aufgenommen, die uns selbst in irgendeiner Form betreffen (zum Beispiel mit unserem Selbstwert verbunden sind). Die meisten Reize von außen lösen auch bestimmte Gefühle in uns aus, welche sehr stark mit unseren gespeicherten Erlebnissen und den damit zusammenhängenden Erinnerungen verbunden sind. Das Gehirn vergleicht neue Daten mit schon vorhandenen und sucht vor allem nach schon bekannten Inhalten. Darauf aufbauend erfolgt eine Bewertung und dies wiederum bildet die Grundlage unserer Reaktionen auf die Reize von außen. Wahrnehmung ist sehr subjektiv; das Gehirn stöbert gleichsam in den Schubladen unserer Archive, filtert und sortiert nach unseren Werten, Erfahrungen, Einstellungen, Wünschen und Bedürfnissen – und macht in vielen Fällen sehr kreative Arbeit und schafft etwas Neues. Wenn Kreativität und Phantasie das Ziel sind, ist das okay. Im zwischenmenschlichen Umgang, wenn es um das gegenseitige Verstehen geht, gibt es hier allerdings eine unerschöpfliche Quelle von Missverständnissen. Im Alltag kommt es darauf an, die Kommunikationsprozesse so zu gestalten, dass eine gegenseitige Kontrolle der Wahrnehmungsergebnisse möglich ist. Wenn es nicht um objektivierbare Fakten oder anerkannte Tatsachen geht, sind subjektive Wahrnehmungen, Bewertungen und Interpretationen normal und auch erwünscht, denn sie erweitern vorhandene Zugänge und Perspektiven. Hinter den sogenannten Realitäten im beruflichen wie privaten Leben stehen oft sehr subjektive und individuelle Überzeugungen, Erfahrungen und die daraus konstruierten Erwartungen. Schaffen Sie Raum für Äußerungen unterschiedlichster Wahrnehmungen bei Ihren MitarbeiterInnen, reinigen Sie eigene Filter und Sie kommen der Führungsrealität einen großen Schritt näher!

Weiterbildung

Ein kluger Mensch macht nicht alle Fehler selbst-
er gibt auch anderen eine Chance dazu!
W. Churchill

Sie haben selbst Weiterbildungsprogramme absolviert oder sind in einer gewissen personalpolitischen Verantwortlichkeit für die Weiterbildung Ihrer MitarbeiterInnen? Auf Ihrem Schreibtisch landen zahlreiche Ausschreibungen facheinschlägiger Institute und Akademien oder Hochschulen für Inhouse-Trainings und externe Seminare und Lehrgänge? Es gibt eine fast unüberschaubare Zahl an Zertifikats- und Lehrgangsprogrammen. Im Angebot sind Wochenendseminare zum ,Coaching im Grünen' bis zum Konflikttraining nach der Methode der Gewaltfreien Kommunikation, mehrwöchige Leadership-Programme bis hin zu universitär zertifizierten Modulen, die den Teilnehmern ,Führungskompetenz durch Empowerment' bestätigen.

Das Angebot auf dem Weiterbildungsmarkt ist riesig; Business-Schools und MBA-Programme sind fixer Bestandteil jeder Universität mit wirtschaftsnahen Schwerpunkten und der Bedarf steigt durch gesamtgesellschaftlich bedingten demografischen Wandel, durch Veränderungen in der Arbeitsorganisation (Digitalisierung) und durch globalisierungsbedingten Kostendruck, um nur einige wesentliche Faktoren zu nennen. Hinter diesem Angebotsmarkt steckt aber auch zugleich der Wunsch nach wirksamen Rezepturen und funktionierenden Tools zur Bewältigung der alltäglichen Führungsaufgaben. Die Angebote scheinen diesen Bedürfnissen mit allen marketingaffinen Tricks zu entsprechen und bieten (oft überteuert) an, den Hunger nach der Lösung aller Probleme zu stillen. Die als wirksam versprochenen

---

Werkzeuge unterliegen den verschiedensten Modetrends und werden häufig von (selbsternannten) Gurus quasireligiös vermarktet. Verkaufsprofis zeigen oft nichts anderes, als dass sie sich selbst gut verkaufen können.

Aus- und Weiterbildungen, Seminare und Trainings sollen nach Möglichkeit mit erfahrenen Fachtrainern nach ausführlicher inhaltlicher Vorbereitung und Absprache mit den Verantwortlichen geplant und durchgeführt werden. Entscheidend ist aber nicht die erfolgreiche Teilnahme an der Weiterbildungsmaßnahme, sondern der erfolgreiche Transfer, die Umsetzung des Gelernten, die Anwendung im eigenen Arbeitsfeld, in der betrieblichen Alltagswelt. Zielführend ist deshalb, bei Trainings oder Seminaren vor allem auf die Transferphase großen Wert zu legen und diese Phase auch entsprechend zu begleiten bzw. begleiten zu lassen und zu evaluieren. Eine Seminarwoche kann ganz interessant und erholsam sein, sie soll aber vor allem im Kompetenzbereich und in der Produktivität auch sichtbar sein. Investieren Sie entsprechend Zeit in die Erhebung des konkreten Bedarfs und denken Sie auch an die Alternative, Trainings erfolgsabhängig zu honorieren, das sichert die ernsthafte Auseinandersetzung mit dem Unternehmen und den jeweiligen Bedürfnissen der Zielgruppe. Vielleicht gibt es in Ihrem Umfeld auch talentierte MitarbeiterInnen, die Sie als interne FachtrainerInnen schulen und einsetzen können. Individuelle Fähigkeiten und Stärken, jene die vorhanden sind und jene, die entwickelt werden und betrieblicher Bedarf sind in größtmögliche Übereinstimmung zu bringen. Die ‚richtigen Menschen an den richtigen Plätzen' ist der Leitgedanke. Wenn Sie Ihre persönlichen Weiterbildungsschritte planen: Denken Sie nicht zuerst an Methoden und Techniken, investieren Sie zuerst in den Persönlichkeitsbereich, denn Sie werden im Führungsalltag vor allem als *Person* wahrgenommen.

Werte

*Heute kennt man von allem den Preis,
nicht aber den Wert!*
O. Wilde

Mit Werten haben wir ständig zu tun, unser Denken und unser Handeln richtet sich nach Werten. In der gesellschaftlichen Auseinandersetzung, in allen politischen Diskussionen um unterschiedliche Ziele und Maßnahmen geht es letztendlich um Werte. Bewusst sind uns im Alltag vorwiegend materielle Werte; wir versichern unser Haus und schützen uns vor Wertverlust, wir investieren in Dinge, von denen wir uns eine Wertsteigerung erhoffen. Viele Dinge haben einen individuellen symbolischen Wert, weil sie an bestimmte Erfahrungen und Erinnerungen geknüpft sind. Das Verhältnis zu den Werten prägt unseren Umgang miteinander, lässt uns bestimmten Denk- und Orientierungsmustern folgen und ist eine sichere Navigationsbasis für unser Verhalten. Gesellschaftliche und damit auch individuelle Werte sind aber auch in Veränderung. Der so genannte Wertewandel ist für alle Mitglieder einer Gesellschaft, Individuen wie Organisationen eine ständige Herausforderung, die nur im offenen und respektvollen Dialog bewältigt werden kann. Hinter dieser Aussage verbirgt sich aber selbst eine Werteorientierung: nämlich Respekt, Vertrauen und Dialog.
Hinter allen engagierten Aktivitäten von Menschen und Organisationen stehen konkrete Wertvorstellungen und erzeugen damit eine klare Prioritätenliste, die das Fühlen, das Denken und Handeln lenkt und somit zum Ausdruck bringt, was wichtig ist und was nicht, worum es vorwiegend geht und was weniger Bedeutung hat. Wir lesen in Medien und hören in Kommentaren

von europäischen Werten, es gibt die Diskussionen um Werteka-
taloge, es wird im Kontext von nationalen, internationalen und
globalen Interessen von Leitkulturen geschrieben und nicht zu-
letzt kennen wir den Ansatz der werteorientierten Unternehmensführung. Jede Unternehmensführung war und ist immer
werteorientiert, neu ist nur das offene Bekenntnis zu definierten
und kommunizierten Werten, deren Verbindlichkeit nach innen
und außen erhält damit einen anderen Stellenwert. Was mit
einem (zahlenmäßigen) Wert oder mit (ideellen) Werten in Verbindung steht, ist kostbar und erstrebenswert. Individuen,
Gruppen und Vereine fühlen sich bestimmten Werten höchst
verpflichtet und setzen sich lokal und global für diese ein (zum
Beispiel Greenpeace, Ärzte ohne Grenzen oder ethisch-öko-
logische Banken). Autonomie, Selbstbestimmung, Mitbestim-
mung, globale Verantwortung und generelle Wertschätzung gegenüber Menschen und Umwelt sind in den letzten Jahrzehnten
als Orientierungen deutlich präsenter als sie noch vor 50 Jahren
in der Öffentlichkeit waren. Wertegemeinschaften haben meist
auch ein eigenes Regelwerk in der Form von Gesetzen, Vorschriften und einem Verhaltenskodex. In Unternehmen sind meist
Leitbilder eine verschriftlichte Form von Werten und Hand-
lungsorientierungen; Führungskräfte verkörpern gleichsam diese
Botschaften und schaffen für die MitarbeiterInnen die Möglichkeit, diese Werte und ihre Bedeutung für den gemeinsamen unternehmerischen Erfolg zu erleben. Ernsthaft formulierte Leitbilder orientieren sich in ihrem Wertekatalog nach einem ganzheit-
lichen und widerspruchsfreien Wertesystem. Es beginnt auf der
individuellen, personalen Ebene und spannt den Bogen über die
sozialen Einheiten und Beziehungen nach innen und außen, über
regionale, nationale, internationale, kulturelle und gesamtgesellschaftliche Verantwortlichkeiten. Welchen ‚Stellen-Wert' hat
das Leitbild Ihres Unternehmens für Sie und Ihre KollegInnen?

Wirklichkeit

In Wirklichkeit ist die Wirklichkeit ganz anders.
Szenespruch

Keine (allzu) philosophischen Exkurse oder erkenntnistheoretischen und neurophysiologischen Zugänge gibt es hier. Banal und pragmatisch konzentrieren wir uns auch da zunächst auf den Begriff und seine Bedeutung, bzw. die Deutung, die wir ihm geben. Im Mittelalter war das Verhältnis und das Verständnis zur Wirklichkeit selbstredend ein anderes als in Zeiten der Aufklärung. Fast scheint es, als hätten wir eine schier unbegrenzte Auswahl zwischen verschiedensten Wirklichkeiten, ähnlich der Güterauswahl im Supermarkt. Ich erinnere mich genau an die ersten Fernsehgeräte im Dorf, in welchem ich aufgewachsen bin: in zwei Gasthäusern, im Wohnzimmer des Gemeindesekretärs und in der Stube der Frau Oberlehrer standen die Geräte mit zwei Abendprogrammen; die Sendung mit dem Kasperl begann am Mittwochnachmittag um 17 Uhr. Heute stehen in jedem Haushalt zwei Geräte mit unzähligen 24-Stunden-Programmen. Umfragen unter Jugendlichen zeigen, dass der klassische Fernsehkonsum nicht mehr ‚in‘ ist und damit auch der Einfluss dieses Mediums auf die Gestaltung und Modellierung der ‚Wirklichkeit‘ abgenommen hat und weiter abnehmen wird.
Als Sozialwissenschaftler habe ich auf den verschiedensten Niveaus theoretischer Forschung und empirischer Interpretation mit unterschiedlichsten Wirklichkeitsebenen zu tun; im Trainingsalltag habe ich mich einem einfachen, konstruktivistisch orientierten und sehr praktischen Erklärungsmodell zugewandt: Wirklichkeit ist das, was wirkt.

Als Person mit Führungsverantwortung wollen Sie etwas bewirken, sollen Sie etwas bewirken und können Sie viel bewirken. Sie haben die Verantwortung und die Aufgabe, ein maßgeblicher Einfluss- und Wirkungsfaktor zu sein. Sie müssen unterscheiden zwischen Meinungen und Fakten, wohl wissend, dass beide einander stark beeinflussen und wirklichkeitsgestaltend sind. Wir schaffen Wirklichkeiten mit dem Werkzeug Sprache, indem wir mit bewusster Wortwahl, mit gelenkten nonverbalen Signalen eine erwünschte Wirkung erzielen. Mit Worten können wir die Wirklichkeitsebenen wechseln, auf einen unsachlichen Beitrag oder eine verletzende Äußerung können wir auf der Metaebene antworten und den Diskurs, den Dialog auf eine andere Bühne der Wirklichkeit transferieren oder überhaupt einen Akt oder gar das Drama neu schreiben. Selbstverständlichkeiten, Gewohnheiten, sehr vertraute Wirklichkeiten werden heute in Frage gestellt, es wird darüber diskutiert, kritisches Verständnis und Reflexion werden gefördert, ebenso Unsicherheiten produziert. Diese Unsicherheiten sicher zu begleiten, den Dialog zwischen auf den ersten Blick widersprüchlichen Wirklichkeiten zu moderieren, das alles ist Teil der Führungsaufgabe. Reflektierte Führungspersonen entscheiden selten, was richtig und was falsch ist; sie engen und schränken die Perspektiven nicht ein, sondern schaffen neue. Mutig stellen sie auch die eigenen Annahmen immer wieder in Frage und sind sich dessen bewusst, dass menschliche Wirklichkeiten vor allem als Ereignisse erfahrbar werden, die in der Interaktion zwischen Menschen und Gruppen ablaufen und weniger als rein subjektives Geschehen nur in den Köpfen der Individuen entstehen.
Gute Beziehungen sind für die Formung sozial erträglicher Wirklichkeiten entscheidend. Sorgen Sie für gute Beziehungen und Sie schaffen erträgliche berufliche Wirklichkeiten.

Wissenschaft

Wirtschaftswissenschaft ist das einzige Fach,
in dem jedes Jahr auf dieselben Fragen
andere Antworten richtig sind.
D. Kaye

Die Wissenschaften haben in allen modernen und aufgeklärten Gesellschaften einen hohen Stellenwert, wenngleich es doch deutliche Unterschiede der allgemeinen Anerkennung zwischen diversen Fachdisziplinen gibt. Vor einigen Jahrzehnten waren die Erwartungen an die Sozialwissenschaften groß, im Anschluss an eine kurze Phase der Reflexion wurden sehr konkrete Impulse für die gesellschaftliche Steuerung von ihr verlangt. Wissenschaften und die im Wissenschaftsbetrieb Tätigen haben eine fast angeborene eigene Abwehrhaltung gegenüber allzu offener Instrumentalisierung, von welcher Seite und von welchem Interesse sie auch immer geleitet sein mag. Aktuell setzen Politik und Wirtschaft auf eine enge Kooperation von wissenschaftlichen Erkenntnissen und deren produktivitätssteigernden Verwertungsmöglichkeiten. Die Lösung vieler gesellschaftlicher Probleme wird in der weiteren und raschen technologischen Entwicklung gesehen, die Auswirkungen auf das menschliche Kooperationsverhalten werden später bedacht und zur Kenntnis genommen und bestenfalls ebenso wissenschaftlich untersucht. Die Aufgabe von Wissenschaft besteht darin, neues Wissen zu produzieren; Wissenschaften selbst sind also Produktionsstätten. Meist findet diese Produktion im universitären Umfeld und in zahlreichen außeruniversitären, privaten und industriellen Forschungseinrichtungen statt. Die entscheidende Frage ist dabei immer: *Cui bono?* Wem nützen die Erkenntnisse wissenschaftlicher Forschung? Wer zieht daraus unmittelbaren Nutzen und Gewinn? Wie werden die Erkenntnisse verwertet? Wer hat Zugang zu diesem neuen Wissen?

Die Produktion des ‚wissenschaftlichen' Wissens läuft nach bestimmten Regeln ab. Das Ziel wissenschaftlicher Erkenntnis ist allgemeingültiges, verallgemeinerbares Wissen. Der Entstehungsprozess ist methodisch kontrolliert, folgt einem Regelsystem und formalen Vorgaben. Das wissenschaftliche Vorgehen bzw. das wissenschaftliche Denken hat sich in vielen Alltagsbereichen durchgesetzt; geplante, logische, systematische und nachvollziehbare Schritte bilden in jeder Projektarbeit eine unabdingbare Voraussetzung. Gleichzeitig sind Prozesse der Verwissenschaftlichung in vielen Ausbildungen feststellbar als Teil der Professionalisierung verschiedenster Berufsbereiche (so ist zum Beispiel ein MBA-Abschluss im Managementbereich fast schon eine selbstverständliche Voraussetzung). Berufliche Tätigkeiten werden also nicht alleine auf der Basis von (subjektiven) Erfahrungen und schulischen Wissensinhalten ausgeübt, sondern sollen als seriöse Grundlage allgemein anerkannte wissenschaftliche Erkenntnisse und Gesetzmäßigkeiten haben. Die von der Wissenschaft gelieferten theoretischen Grundlagen haben sehr praktische Konsequenzen, sind also in der Praxis umsetzbar und anwendbar. Es gilt aber auch der Grundsatz: Die Wahrheiten von heute sind die Irrtümer von morgen. Viele Wissenschaften liefern vorübergehende, vorläufige und bedingte Ergebnisse und Erkenntnisse. Herausfordernd sind auch diese Fragen: Verändern nicht schon Forschungsfragen und Forschungsmethoden den Gegenstand der Erkenntnis bzw. den Zugang zu einem Thema? Ungeachtet dieser Aspekte haben Wissenschaften heute eine wichtige und anerkannte Dienstleistungsfunktion. Nutzen Sie diese und schauen Sie zwischendurch auch nach, was die Wissenschaft dazu sagt, wenn ein Thema Sie beschäftigt!

Zeitmanagement

Stress ist eine paradoxe Hetze:
Man wird von Terminen gejagt,
die nicht hinter einem, sondern vor einem liegen.
G. Uhlenbruck

Wir haben zwei Hände für die Arbeit,
aber auch zwei Beine, um ihr aus dem Weg zu gehen!
Szenespruch

Wie oft hören oder sagen Sie: „Ich *habe* keine Zeit!"? Unter Zeitknappheit scheinen die meisten Menschen zu leiden. Befreien Sie sich von derart trügerischen Annahmen. Zeit ist kein Gut, das wir *haben* können. Wir haben Zeit nicht als Ressource, über die wir in einer Art verfügen können, wie wir es mit unserem Geld oder mit unserem Auto tun. Zeit steht uns ausschließlich als Lebenszeit zur Verfügung. Sagen wir also, dass wir zu wenig Zeit haben, dann bekennen wir indirekt, dass wir zu wenig Leben haben. Zeit ist ein (sehr brauchbares und nützliches) Ordnungssystem, das wir uns geschaffen haben, um unseren Alltag und die Abläufe zu strukturieren und zu organisieren. Der sich ständig fortbewegende Sekundenzeiger ist eine Realität, aber eine, die wir uns selbst geschaffen und verordnet haben und unter welcher wir manchmal leiden. Wenn wir den Begriff Zeit konkretisieren, dann sind wir (jenseits der vereinbarten Maßeinheiten) bei den Inhalten unseres Erlebens und unserer Sinneseindrücke und Erfahrungen, die wir in einer Zeiteinheit machen. Wir kennen die Situation, dass wir wieder auf die Uhr sehen und erschreckt feststellen, dass erst fünf Minuten vergangen sind seit wir das letzte Mal auf die Uhr gesehen haben; kennen aber auch das Erstaunen und die Überraschung, wenn wir feststellen, dass die letzten Stunden wie im Flug vergangen sind. Unser subjektives Erleben von Zeit hat eng damit zu tun, wie intensiv wir bei der Sache sind, die gerade passiert, wie engagiert und motiviert wir etwas tun oder wie tief es uns betrifft und fasziniert. Manche Augenblicke wollen wir festhalten und wünschen uns, dass die Zeiger der Uhren stehen bleiben; frei nach Goethe: *Verweile Augenblick, du bist so schön.* Zeit ist also als Lebenszeit ein sehr kostbares und wertvolles Gut und wir haben immer wieder zu entscheiden, womit und mit wem wir unsere Lebenszeit verbringen. Tatsache ist jedenfalls, dass wir einen enormen Teil der Lebenszeit als Arbeitszeit zu erleben und/oder zu gestalten haben. Arbeitszeit ist also wesentliche Lebenszeit und fordert uns heraus, diesen Lebensabschnitt unter den Aspekten von Lebensqualität zu betrachten. Praktisch ist im Zeitmanagement ist daher die Umformulierung von ‚Was *mache ich mit* der Zeit?' in die konkretere und messbare Variante ‚Was *tue ich in* meiner Zeit?'. Genaue Zeitaufzeichnungen über alle Tätigkeiten sind oft der Beginn überraschender Erkenntnisse darüber, wo die Zeit bleibt. Diskussionen zum Thema Umgang mit der Zeit eröffne ich meist mit folgendem Beispiel: „Der Tag hat 24 Stunden, wenn Sie 8 Stunden arbeiten und 8 Stunden essen und schlafen, dann bleiben Ihnen jeden Tag noch 8 Stunden Freizeit. Sie haben also jeden Tag einen Zeitraum von 8 Uhr morgens bis nachmittags um 16 Uhr frei". Die Wirkung bleibt nicht aus, darauf folgen fruchtbare und erkenntnisreiche Gespräche.

Ein wichtiges Prinzip im Umgang mit der Ressource Zeit ist die Zielorientierung. Die entscheidende Frage kann oft diese sein: Bringt mich die Tätigkeit, für welche ich Zeit aufbringe, meinen Zielen näher? Aber Vorsicht: Fahren Sie nicht immer stur in Zielrichtung; vergessen Sie nicht auf die Pausen, auf das Service, auf das Tanken. Planen Sie neben Ihren Aufgaben auch ausreichend Zeit für sich selbst ein - und das, was Ihnen wichtig.

Ziele

Ein Ziel beschreibt eine Art Endzustand, einen Punkt, den es zu erreichen gilt oder ein Ergebnis, das erzielt werden soll – auf Unternehmensebene, auf Abteilungsebene, auf Team- oder Mitarbeiterebene. Davon abgeleitet gibt es Erwartungen an Gruppen oder an Mitglieder einer Organisationseinheit im Hinblick auf deren Tätigkeiten oder den Beitrag, den sie zum Erreichen leisten können und sollen; Führungspersonen haben es also auch mit einer Form von Erwartungsmanagement zu tun.

Klarheit ist vor allem darüber herzustellen, *was* (genau) zu erreichen ist und *wie* es zu erreichen ist. Erst wenn unmissverständlich und eindeutig die Ziele geklärt sind und auch Übereinstimmung und Zustimmung hergestellt wurde, warum diese Ziele wichtig sind, ist eine Akzeptanz und aktive Beteiligung an den Verwirklichungsschritten zu erwarten. Im Alltag klagen viele Betroffene darüber, dass in Unternehmen zwar von Zielvereinbarungen gesprochen wird, aber tatsächlich die Ziele vorgegeben werden und keinerlei Mitwirkung bei den gewünschten und unternehmenspolitisch möglichen Bereichen der Zieldiskussion möglich ist. Wenn Aufgabenbereiche stark miteinander verwoben sind, dann ist auf eine entsprechende Zielabstimmung zu achten; nicht selten passiert es, dass es abteilungs- und bereichsspezifische Widersprüchlichkeiten in einzelnen Zieldimensionen gibt. Alle Ziele auf allen Ebenen sind dem generellen Unternehmensziel unterzuordnen, deshalb ist es auch von großer Bedeutung, dass alle Dimensionen des Zielekatalogs eines Unternehmens schriftlich festgelegt werden und alle damit verbundenen Anforderungen, Kompetenzen und Aktivitäten aufgelistet und operationalisiert werden. Eine realistische Zielbeschreibung ist nötig, denn unerreichbare oder unerreichbar scheinende Ziele wirken nur demotivierend. Liegen eindeutige Parameter dem Weg der Zielerreichung zugrunde, dann ist es einfach, Ergebnis- oder Verbesserungsziele zu beschreiben bzw. deren Erreichung zu messen (z.b. Verwaltungskosten minus 1 Prozent im nächsten Jahr). Es gibt auch gleich bleibende Ziele auf der Verhaltensebene, zum Beispiel im Umgang mit KundInnen oder Beschwerden als qualitative Ziele. Für Tätigkeitsziele, mit denen Beiträge von MitarbeiterInnen, Teams und Abteilungen zur Erreichung eines Unternehmensziels beschrieben werden, gelten folgende Kriterien:

- sie stimmen mit den Werten der Organisation überein
- sie sind eindeutig und präzise formuliert
- sie sind herausfordernd und motivierend
- sie sind quantitativ oder qualitativ evaluierbar
- sie sind erreichbar ohne zeitliche, kompetenz- oder ressourcenmäßige bedingte Einschränkungen
- sie sind gemeinsam in kooperativer Haltung besprochen
- sie beschränken sich auf einen übersehbaren Zeitraum
- sie orientieren sich an Einzel- wie an Teambeiträgen

Bei Zielvereinbarungsgesprächen, die es als periodische, regelmäßige Gespräche oder anlassbezogen bei neuen oder geänderten Aufgabenstellungen oder außergewöhnlichen Anforderungen gibt, sind diese Punkte zentral: beschreiben Sie konkret den Zielzustand, begründen Sie ausführlich und nachvollziehbar die Wichtigkeit des Ziels, diskutieren Sie die möglicherweise auftretenden Probleme und legen Sie alle Formen der Unterstützung offen, die Sie geben können.

Zuhören

Erinnern Sie sich noch an die Appelle der Eltern, die an Ihre Kinderohren gerichtet waren? Meist in der Form: „Höre mir jetzt genau (oder: endlich) zu! Noch einmal sage ich es nicht" – oder so ähnlich; danach gab es meist Vorschriften oder sehr verbindliche Verhaltenserwartungen und Sie hatten nur eines zu tun: zu gehorchen. Zuhören in dieser Variante war mit Passivität und Unterwerfung verbunden.

Bei manchen Trainings müssen im Rollenspiel Führungskräfte im Gespräch mit MitarbeiterInnen unterbrochen und gestoppt werden, weil es in einem Monolog mündet. Viele Führungskräfte spüren in sich den Auftrag, das Gespräch sehr initiativ zu gestalten und bleiben in einer sehr aktiven Rolle, in welcher sie selbst die Redenden sind und viele Gelegenheiten übersehen, den Gesprächspartner reden zu lassen oder diesen zum Reden zu bringen. Führungskräften muss bewusst werden, dass sie in jener Zeit, in der sie selbst reden, nichts von ihrem Gesprächspartner erfahren. Dem anderen Raum zu geben für eigene Meinungen, eigene Ansichten und Stellungnahmen ist eine Aufgabe in der Gesprächsgestaltung. Zuhören ist eine Aktivität mit besonderer Qualität und bringt viele Vorteile. Beim aktiven Zuhören sind Sie in einer intensiven Verbindung mit Ihrem Gesprächspartner, Sie signalisieren einer anderen Person, dass Sie sich für sie interessieren, dass Ihnen das wichtig ist, worüber sie beide reden, Sie hören aufmerksam und konzentriert zu, unterbrechen den Gesprächspartner nicht und geben körpersprachlich dem anderen

zu verstehen, dass Sie ganz bei der Sache sind. Sie haben guten Blickkontakt und sind der anderen Person in offener Haltung zugewandt. Diese Art des Zuhörens erreicht auch bessere Ergebnisse: Sie lernen andere Meinungen und Perspektiven kennen, Sie erhalten wertvolle Informationen, Sie können Missverständnisse vermeiden und zeigen Wertschätzung. Aktives Zuhören erfordert ein hohes Maß an Konzentration und Sie wissen, wie leicht die eigenen Gedanken in einem Gespräch abschweifen und schnell finden Sie sich in dem Gefühl, vielleicht Wichtiges überhört zu haben. Dies passiert deshalb, weil wir im Vergleich zum Hören durchschnittlich vier Mal schneller denken können; hörend könnten wir circa 120 bis 140 Wörter verarbeiten, also verbleiben ungenutzte Leerzeiten, die unser Gehirn nutzt und assoziativ eigene Inhalte produziert. Aktives Zuhören verlangt entsprechende Disziplin und muss auch trainiert werden. Zeigen Sie Ihrem Gesprächspartner, dass Sie ‚ganz dabei' sind, indem Sie Inhalte wiederholen, emotionale Aussagen mit eigenen Worten wiedergeben und damit Offenheit, Vertrauen und Verständnis zeigen. Fragen Sie nach, fassen Sie zwischendurch zusammen und vertiefen Sie wichtige Überlegungen. Hilfreiche Leitgedanken und Orientierungen für das gute Zuhören sind: Notieren Sie sich Wichtiges, konzentrieren Sie sich auf die Inhalte mehr als auf die Art der Darstellung, versuchen Sie das Anliegen des Gesprächspartners zu erfassen, ziehen Sie keine voreiligen Schlüsse, wiederholen Sie Wesentliches, unterscheiden Sie zwischen Fakten und Meinungen. Es gibt ein irisches Sprichwort, welches in treffender Weise das Verhältnis von Reden und Zuhören erklärt: ‚Wenn es Gottes Wille gewesen wäre, dass wir mehr reden als zuhören, dann wären wir mit zwei Mündern geboren und mit nur einem Ohr'.
Einfache Regel zur Kontrolle: Beim Zuhören ist der Mund zu!

Zukunft

Mich interessiert vor allem die Zukunft,
denn das ist die Zeit, in der ich leben werde.
A. Schweitzer

In sehr vielen Bereichen ist unser Leben auf die Zukunft ausgerichtet. Unser Denken und unsere Handlungen sind in großem Maße davon bestimmt, was wir zu einem späteren Zeitpunkt vorhaben oder worauf wir uns vorbereiten müssen. Wir bereiten uns am Abend auf den nächsten Tag vor, wir planen die nächste Reise und packen alle Dinge ein, die uns notwendig erscheinen, um mit eventuellen Widrigkeiten und Herausforderungen fertig zu werden. Das Bildungssystem bereitet junge Menschen auf ein Leben vor, von dem kein Mensch weiß, wie es konkret aussehen wird; wir haben wenig Ahnung davon, wie die technologischen, wirtschaftlichen, gesamtgesellschaftlichen Einflüsse die Lebens- und Arbeitswelt verändern werden, aber wir bereiten uns für diese (so ungewisse) Zukunft vor. Märkte, Rohstoffe und Produktionsbedingungen ändern sich und werden sich in der Zukunft ändern – auch die Rolle die Führungsverantwortung unterliegt der modifizierenden Kraft der Zeit. Diese Änderungen passieren aber nicht nur irgendwie; die Zukunft ist auch die, die wir uns machen. Führungskräfte beeinflussen durch ihre Entscheidungen ihre eigene Zukunft und die vieler anderer. Ziele und Werte sind wichtige Orientierungspunkte für die Richtungen vieler Entscheidungen; die Zukunft soll vor allem eins sein: lebenswert. Zukunft ist aber auch ein starkes und gewichtiges Argument in vielen öffentlichen Auseinandersetzungen: die Positionen gehen von der Meinung, dass es unsere Kinder in der Zukunft einmal besser haben sollten, bis hin zum vorwurfsvollen

Argument in Debatten um Naturverantwortung und Umweltbe-
wusstsein, dass wir dabei sind, die Zukunft unserer Kinder aufs
Spiel zu setzen. Viele unserer Entscheidungen und Handlungen
begründen wir mit der Vergangenheit, mit unseren Erfahrungen;
noch mehr aber mit der Zukunft beziehungsweise mit den Annahmen und Vorstellungen über unsere Zukunft. Wir versuchen
also, in die Welt von morgen zu blicken, unsere Chancen darin
wahrzunehmen, mögliche Probleme frühzeitig zu identifizieren
und entsprechende Strategien zu entwickeln, die unser Überleben wahrscheinlicher werden lassen. Denn: erstens kommt es
anders, als man zweitens denkt – so der Volksmund.

Zukunft ist voller Chancen und Risiken zugleich. Es sind genug
Beispiele einst erfolgreicher Personen und Unternehmen bekannt, die (manchmal überraschend schnell) gescheitert sind,
weil sie nicht rechtzeitig die Antworten auf die Fragen der Zukunft gesucht haben. Zukunftsforscher versuchen prägende Faktoren auszumachen, beschreiben so genannte Megatrends und
liefern oft wertvolles Rohmaterial. Dazu gehören sozio-kulturelle
Phänomene (wie Erlebnis- und Freizeitgesellschaft, demografi-
sche Verschiebungen und Entwicklungen der Alterspyramiden),
technologisch-wissenschaftliche Phänomene (wie e-learning,
Digitalisierung, Robotik) sowie ökonomische und politische Phänomene (wie Emanzipation, Selbstbestimmung, Globalisierung,
Ökonomisierung der staatlichen Aufgaben). Die Zukunft, auch
wenn sie noch so unbestimmt ist, ist das Ziel. Entwickeln Sie in
sich ein Navigationssystem, das Sie einigermaßen sicher durch
weithin unbekanntes Gelände zu einem geahnten, gewünschten
und erhofften Ziel bringt. Aktualisieren Sie das Navigationsgerät
regelmäßig du achten Sie darauf, in Verbindung mit seriösen
Informationssendern zu bleiben. Schaffen Sie für sich und für
Ihre Umwelt die gewünschte Zukunft durch die aktive Mitarbeit
an der Gestaltung der möglichen Zukunft.

Nachklang

Wenn ich nachdenke, was eigentlich die Grundlage der Führung
sein muss, dann ist es die Fähigkeit zum Gespräch.
W. Habbel

Personen mit Führungsverantwortung haben viel zu tun und wissen manchmal nicht, wo ihnen der Kopf steht. Wenn Sie einmal ganz wenig Zeit haben und Schreibtisch und Terminkalender voll sind, dann machen Sie einige Minuten lang gar nichts. Machen Sie Pause. Lehnen Sie sich zurück und denken Sie nach über das, was Sie tun, wie Sie es tun und warum Sie es tun. Aus China kennen wir den Spruch: Wer die Pausen versäumt, versäumt das Leben.

Nehmen Sie sich bewusst Auszeiten, unterbrechen Sie die Alltagshektik und Arbeitsroutine und gönnen Sie sich Zeit zum Nachdenken, zur Reflexion. Gemeinsames Nachdenken, gemeinsame Reflexion mit einer Vertrauensperson ist hilfreich. Führungskräfte spüren in sich oft einen starken Handlungsimpuls und glauben, dass von ihnen erwartet wird, dass sie aktiv sind. Bedenken Sie, dass auch Reden – über den Job, über sich selbst, eine produktive Aktivität ist. Besprechen Sie vieles, kommunizieren Sie – mit sich selbst und mit anderen. Fachleute sind sich darüber einig, dass Kommunikation etwa 80 Prozent der Führungstätigkeit ausmacht. Achten Sie in der nächsten Zeit auf Ihr Kommunikationsverhalten, gehen Sie wertschätzend mit ihren Gesprächspartnern um und agieren Sie lösungsorientiert, dann sind Sie dem Ziel einer erfolgreichen Führungstätigkeit schon sehr nahe. Und immer wieder: nehmen Sie sich Zeit! Für die wichtigen Dinge im Leben nehmen wir uns immer Zeit – und das wichtigste Projekt in Ihrem Leben sind Sie selbst!

© Der/die Autor(en), exklusiv lizenziert an
Springer Fachmedien Wiesbaden GmbH, ein Teil von Springer Nature 2024
F. Wagner, *Erfolgreich in Führungsverantwortung*,
https://doi.org/10.1007/978-3-658-44384-9_2